人生大学讲堂书系

U0670053

人生大学名人讲堂

乔布斯
用思想改变世界的传奇人生

YONG SIXIANG GAIBIAN SHIJIE DE
CHUANQI RENSHENG

主　编：拾　月
副主编：王洪锋　卢丽艳
编　委：张　帅　车　坤　丁　辉
　　　　李　丹　贾宇墨

吉林出版集团股份有限公司
全国百佳图书出版单位

图书在版编目（CIP）数据

乔布斯：用思想改变世界的传奇人生 / 拾月主编-- 长春：吉林出版集团股份有限公司，2016.2（2022.4重印）
（人生大学讲堂书系）
ISBN 978-7-5581-0755-9

Ⅰ.①乔… Ⅱ.①拾… Ⅲ.①乔布斯，S.（1955～2011）-生平事迹-青少年读物 Ⅳ.①K837.125.38-49

中国版本图书馆CIP数据核字（2016）第041402号

QIAOBUSI YONG SIXIANG GAIBIAN SHIJIE DE CHUANQI RENSHENG

乔布斯·用思想改变世界的传奇人生

主　　编　拾　月
副 主 编　王洪锋　卢丽艳
责任编辑　杨亚仙
装帧设计　刘美丽

出　　版　吉林出版集团股份有限公司
发　　行　吉林出版集团社科图书有限公司
地　　址　吉林省长春市南关区福祉大路5788号　邮编：130118
印　　刷　鸿鹄（唐山）印务有限公司
电　　话　0431-81629712（总编办）　0431-81629729（营销中心）
抖 音 号　吉林出版集团社科图书有限公司　37009026326

开　　本　710 mm×1000 mm　1 / 16
印　　张　12
字　　数　200千字
版　　次　2016年3月第1版
印　　次　2022年4月第2次印刷

书　　号　ISBN 978-7-5581-0755-9
定　　价　36.00元

如有印装质量问题，请与市场营销中心联系调换。0431-81629729

"人生大学讲堂书系" 总前言

昙花一现，把耀眼的美只定格在了一瞬间，无数的努力、无数的付出只为这一个宁静的夜晚；蚕蛹在无数个黑夜中默默地等待，只为了有朝一日破茧成蝶，完成生命的飞跃。人生也一样，短暂却也耀眼。

每一个生命的诞生，都如摊开一张崭新的图画。岁月的年轮在四季的脚步中增长，生命在一呼一吸间得到升华。随着时间的推移，我们渐渐成长，对人生有了更深刻的认识：人的一生原来一直都在不停地学习。学习说话、学习走路、学习知识、学习为人处世……"活到老，学到老"远不是说说那么简单。

有梦就去追，永远不会觉得累。——假若你是一棵小草，即使没有花儿的艳丽，大树的强壮，但是你却可以为大地穿上美丽的外衣。假若你是一条无名的小溪，即使没有大海的浩瀚，大江的奔腾，但是你可以汇成浩浩荡荡的江河。人生也是如此，即使你是一个不出众的人，但只要你不断学习，坚持不懈，就一定会有流光溢彩之日。邓小平曾经说过："我没有上过大学，但我一向认为，从我出生那天起，就在上着人生这所大学。它没有毕业的一天，直到去见上帝。"

人生在世，需要目标、追求与奋斗；需要尝尽苦辣酸甜；需要在失败后汲取经验。俗话说，"不经历风雨，怎能见彩虹"，人生注定要九转曲折，没有谁的一生是一帆风顺的。生命中每一个挫折的降临，都是命运驱使你重新开始的机会，让你有朝一日苦尽甘来。每个人都曾遭受过打击与嘲讽，但人生都会有收获时节，你最终还是会奏响生命的乐章，唱出自己最美妙的歌！

正所谓，"失败是成功之母"。在漫长的成长路途中，我们都会经历无数次磨炼。但是，我们不能气馁，不能向失败认输。那样的话，就等于抛弃了自己。我们应该一往无前，怀着必胜的信念，迎接成功那一刻的辉煌……

感悟人生，我们应该懂得面对，这样人生才不会失去勇气……

感悟人生，我们应该知道乐观，这样生活才不会失去希望……

感悟人生，我们应该学会智慧，这样在社会上才不会迷失……

本套"人生大学讲堂书系"分别从"人生大学活法讲堂""人生大学名人讲堂""人生大学榜样讲堂""人生大学知识讲堂"四个方面，以人生的真知灼见去诠释人生大学这个主题的寓意和内涵，让每个人都能够读完"人生的大学"，成为一名"人生大学"的优等生，使每个人都能够创造出生命中的辉煌，让人生之花耀眼绚丽地绽放！

作为新时代的青年人，终究要登上人生大学的顶峰，打造自己的一片蓝天，像雄鹰一样展翅翱翔！

"人生大学名人讲堂"丛书前言

    名人是一面镜子。名人成功背后的经验是我们成长路上宝贵的精神财富,名人的失败教训会让我们在人生奋斗的历程中多几分冷静,少走几段弯路。古往今来成大器者,都十分重视吸取名人的经验教训。牛顿说:"我之所以成功,是因为我站在了巨人的肩上。"现代社会竞争激烈,每个想在成长途中少走弯路、多几分成功机率的人,都没有理由不去关注名人。我们不应忘记,那些站在世界历史殿堂里发出宏音、在人类文明进程中留下足迹的英杰伟人。他们以身作则,鞠躬尽瘁,奉献自己的光和热,为人类文明的进步起到了不可忽视的作用。

    "人生大学名人讲堂"丛书选择世界上最具代表性的10位各领域的名人,以传记故事为载体,通过生动有趣的故事,全方位地讲述其成长历程、主要成就和性格身份特征,真实地还原了一个时代伟人。本丛书用生动、富于文采的语言描述了各领域名人的生平轶事、成功轨迹,行文流畅,文笔优美,引人入胜。丛书内容翔实,不仅生动地记载了每位名人的生平经历,而且客观地总结了他们的成功经验和失败教训,文字通俗易懂,融知识性、趣味性于一体,足以为今人提供借鉴,帮助大家做一个有所作为、有益于社会的人。

此套丛书不同于名人传记大量罗列人物所取得成就的做法，避免行文苍白、单调的缺点，无论是《乔布斯·用思想改变世界的传奇人生》《爱迪生·光明使者的精彩人生》《特蕾莎修女·在爱中永生的灿烂人生》《爱因斯坦·科学巨人的人生启示》《贝多芬·同命运抗争的坎坷人生》，还是《卡耐基·洞悉人性的人生导师》《巴菲特·天才投资家的人生感悟》《松下幸之助·经营之神的人生智慧》《原一平·推销之神的人生真谛》《比尔·盖茨·世界首富的慷慨人生》，我们都能全方位地以一个常人的角度来解读人物的一生，客观地评价人物性格，看待人物的喜怒哀乐、人生起伏，从而在他们身上得到可以在今天的现实生活中实际应用的人生智慧和处世准则，同时也吸取他们身上的教训，在阅读他人人生故事的过程中完善自我人格。

读"人生大学名人讲堂"丛书收获经验和智慧，看世界伟人的传奇故事。名人在未获得巨大的成功之前也只是普通的一员，踏着名人成长奋斗的印迹，能让我们真切地感悟到他们成功的经验！你可以欣赏指点江山、叱咤风云的英雄伟人；探索一生、创造无限的科技精英；文采斐然、妙笔生花的文化巨擘；叩问生命、润泽心灵的思想大哲……你可以学习投资家的高瞻远瞩、博大胸怀；商业家的韬略智谋、机会驾驭；艺术家的激情创造、灵感飞扬；宗教领袖的独特理念、献身精神；科学家的坚持真理、不懈探索……你可以发现，伟大人物的成功之路虽有千条万条，但他们却拥有共同的秘诀：远大的理想和不懈的努力，敏锐的目光和果敢的行动，顽强的意志和坚定的决心……

成功之路，从这里起步。

第 3 章　创意无价——只要想得到，必定做得到

第 4 章　建立自信——自信是奇迹产生的原因

第5章　解放思维——智慧的人生不设限

第6章　专注和细节——奇迹就在无意中发生

目录
Contents

第 7 章 集思广益——学会与你的伙伴合作

第 1 章

不忘使命——活着就是为了改变世界

使命感是人的内在永恒核心动力。一个人的使命感越是强烈，那么他的人生希望也就越强烈；他的工作激情与生活热情越强烈，他的人生责任感也越强烈。有强烈使命感的人，是一种自觉的人，是一种奋斗的人，是一种百折不挠的人，是一种任劳任怨的人，是一种坚强不屈的人。

第一节　没有什么不可能

　　一个在事业上做出成绩的人，身上必然闪耀着创新思想的火花。正像乔布斯说的那句话：只要敢想，便没什么不可能！

只要敢想，便没什么不可能

　　近年来，"苹果"已经由一种水果摇身变成风靡全球的电子产品。自"苹果"系列出现以来，大到商业模式，小到产品的样式、色彩，无不吸引着全球人的眼球。而作为苹果的核心人物乔布斯，则被奉为创新之神，既是一位破坏规矩的天才，又是一位对世道有独特见解的发明家和思想者。有人说他是用右脑颠覆左脑的第一人，有着与常人不同的理念。只要敢想，便没什么不可能——这似乎成了他的人生信条。

　　乔布斯从小并非在亲生父母身边长大，他的母亲在乔布斯出生后把他寄养在一户普通的工人家庭。虽然在平凡的家庭长大，但是乔布斯似乎天生就具有超乎常人的创新精神，在只有 3 岁的时候，他就会搞恶作剧，把发卡放到电源插座孔里，因为他知道这样会散发出烧焦的气味。

　　1971 年，16 岁的乔布斯在杂志上看到一个关于"蓝匣子"的新闻报道，这个"蓝匣子"是一种可以盗取电话线路的设备，拥有"蓝匣子"的人自然就可以免费拨打电话了。

　　这个信息激发了乔布斯的兴趣，他默默地想：我也可以做成这个"蓝匣子"，而且我相信我能做得比原来的更好。于是，他叫上同样对电子产品感兴趣的沃兹尼克一起设计。在设计"蓝匣子"的过程中，他们经过了无数次失败，但每一次失败之后，他们都会融入更多的创新理念。最终他们完成了自己的作品。看着这个不用花钱就可以给全世界打电话的神奇"小匣子"，他们简直欣喜若狂。在他们的发明中还增加了自动启动的装置，不需要开关，一有人拨打电话的时候，它就会自动启动。虽然这是个不可能被推广的物品，但对乔布斯来说却是他人生中第一个真正意义上的创新发明。

乔布斯曾说过："你不能问顾客需要什么然后给他什么，因为等你按顾客要求做出来以后，他们又有了新的要求。"他打破了"按需供给"的销售思路。他的头脑中始终充斥着不按常理出牌的各种想法，凭借着自身敢想又敢干的精神，乔布斯在大学退学之后开创了自己的苹果事业，并从默默无闻做到位居世界领先位置，这不能不说是一个奇迹！

乔布斯像幼年的比尔·盖茨一样，是一个聪明而又叛逆的孩子。他曾就读于自己艳羡已久的里德学院，他选择这里的原因是由于这个学院拥有播撒自由思想种子的精神，起初这让他很满意。但一个学期下来，他感到课程枯燥无味，再加上父母的收入实在有限，他竟然出人意料地选择了退学。

按照常理而言，退学之后就意味着脱离学习和受教育的轨道。但是，退学对于乔布斯来说，并不等于放弃学习，他仍然和在学校里一样坚持自学，只是不需要缴纳昂贵的学费，也不需要参加各种考试而已。就这样，没有MBA文凭，不是技术出身，甚至连大学毕业证书都没有的乔布斯开始了创业。其后的经历当然没有那么顺利，但是凭借着创新理念，乔布斯居然在家中的车库里发明了个人计算机，这可以说是惊人的成就。

这台计算机就是人类的第一台个人计算机。当时他并没有看到个人计算机的商业价值，也不知道微型计算机未来的市场，只有满心创业的冲劲在驱使着他去发明创造。更可贵的是，对于 IBM、惠普这样的大公司都不敢去尝试的事物，他却做到了。仅在中国，乔布斯就拥有 191 件外观设计专利，这在数量上远远超过比尔·盖茨。

乔布斯的创业经历一波三折，但他的创新步伐却从未停下。在此后的 20 多年，苹果一次次引领了科技界的潮流，带动了整个业界的发展，成为全球年轻人喜欢、推崇的电子品牌之一。乔布斯在公司的管理模式常被称为"疯子式"的异想天开，但人们不得不承认一个事实，世界就是在这些可贵的"异想天开"中不断发展前进的。现在几乎每个人都享受着乔布斯带来的便利。

2001 年，乔布斯已经 46 岁了，但是，在事业的长河中，他依然坚持敢想敢干的个性，带领苹果公司迈入了被业界公认的"苹果 10 年"。

2001 年，苹果音乐播放器 (iPod) 横空出世，乔布斯把苹果公司带到了音乐的世界。

2007 年，乔布斯推出苹果触摸屏智能手机 (iPhone)，颇具前瞻性地把苹果带到了手机行业。

2010 年，乔布斯又推出了苹果个人平板电脑 (iPad) 和第四代苹果智能手机 (iPhone4)。

10 年的时间，在乔布斯"永不满足，不断创新"理念的引导下，使苹果公司从濒临破产逐渐成长为一个庞大的企业。这 10 年的波折和辛苦终于换来了辉煌的成就。

我们回顾一下苹果的发展历程就会发现，苹果离不开乔布斯，更离不开他敢于去想、敢于去做的精神。其实，不只是对于苹果，不只是对于乔布斯，对于我们每一个平凡的人和我们为之奋斗的事业，都需要像乔布斯一样有敢想敢干的精神。一个在事业上做出成绩的人，身上必然闪耀着创新思想的光芒。正像乔布斯说的那句话："只要敢想，便没什么不可能。只要你有这个勇气，他可以，你也可以。"

保持探究的好奇心

一个敢于创造奇迹的人，时刻都保持探究的好奇心。科学家爱因斯坦说："我没有特殊的天赋，我只有强烈的好奇心。""谁要是体验不到它，谁要是不再有好奇心，也不再有惊讶的感觉，他无异于行尸走肉，他的眼光是模糊不清的。"

好奇心对人的发展起着不可替代的推动作用，它就像探照灯的光柱，永远把探索的光芒投向创新的未来。一个人对世界上的各种事物的好奇心愈强烈，探索的光芒就愈亮，一切奥秘乃至奇迹都会暴露在好奇心的巨大视野之内。相反，一个人如果墨守成规，对周围的事物都习以为常，那么他的探索半径将会十分短窄，甚至连创新的机遇碰在鼻尖上，他也会认为是一粒灰尘。

1996 年，乔布斯在接受《连线》杂志采访时说："佛教中有个说法叫初心。保持初学者之心是非常好的事。"乔布斯指的是禅宗中的一个概念，意思是在修业上永远保持一种开放、虔诚的心态，摒弃先入之见。在佛教中，初心意味着像小孩子一样看待生活，充满好奇、憧憬奇迹和惊喜。保有初心，就更容易打破现状，因为你可以随心所欲地提出"为什么"和"如果……怎么样"这样的问题。初心让你敞开心扉，去探索发现生活中的各种可能性。

大家都知道我国著名的地质学家李四光，他就对人们习以为常的石头非常好奇。还在少年时期，李四光便对村里一块来历不明的大石头产生了强烈的兴趣。他常常靠在那块大石头上好奇地想：这是一块什么石头呢？是从哪儿来的呢？同伴们对李四光的兴趣难以理解，认为一块石头决不会给他们带来任何奇迹。

然而，出人意料的是，奇迹真的发生了。长大后的李四光对奇怪的石头情有独钟。有一次，他从大同盆地采回一块石头，并发现太行山麓也有这种冰川条痕砾石。在好奇心的驱使下，他决心揭开这个谜。

经过仔细观察与研究，李四光断定这是冰川的漂砾，结果第一次发现了中国第四纪冰川。正是好奇心使李四光有了这惊人的发现。好奇心与怀疑精神可以帮助人们在创新领域内搜索有意义的目标，并编织新事物因果关系的网结，也许随着这些网结的脉络去探究，就会创造出奇迹。要相信，奇迹往往属于那些充满好奇心与怀疑精神的人。

20世纪50年代初，原苏联一位地质工程师去参观油画展览，看了很多画都感到印象不深。正当他悻悻准备离去时，一幅风景画顿时引起了他的兴趣。原来，画面上画的是一片草木不生的山峦，紫气冉冉，显得荒凉而瑰丽，恐怖而神秘。地质工程师沉思良久，深感这幅静静的画里似乎隐藏着什么。他越想越觉得好奇。

于是，他决定去拜访这位画家，希望能帮他解答这个疑问。然而，画家不久前已经逝世。经过多方努力，地质工程师找到了画家的遗孀，借到了画家遗留的几本创作日记，根据画家日记提供的线索，他找到了画家写生作画的时机、地点。

原来这幅作品画的是西伯利亚一个人迹罕至之处，这里山峦环抱中有一奇特的湖，凝碧的"湖水"竟然全是水银。周围草木不生，一片荒凉的景象，原来是水银毒害造成的。就这样，地质工程师意外地发现了一个天然水银矿，这个发现引起了地质界的轰动。人们纷纷来祝贺地质工程师的发现，不少人都谈论他的"好运气"，对他为什么能交好运的原因却没有人深思。

其实，地质工程师的新发现与他的好奇心是分不开的。雀巢公司首席执行官包必达说："如果一个老板不再好奇，就没有了超前的思想，不再想知道世界上发生的事情，那么他就必须退休了。"可见好奇心激发人类去发现、发明、创造。事业上成功的人无一不是好奇心极强的人。

纵观人类历史发展的长卷，我们不难发现，好奇心是人类不断进行发明创造的可贵品质之一。爱因斯坦在幼年时曾惊讶于罗盘的指针永远指向北方，并且因此引起了他对科学研究的好奇心。不仅科学家需要好奇心，企业的老板和员工要有所成就也需要好奇心。

比尔·盖茨小时候就是一个电脑迷，好奇心强烈，在13岁时就写出了第一个软件程序。好奇心使他对电脑充满了浓厚的兴趣，好奇心使他废寝忘食地钻研电脑知识。比尔·盖茨有一个创新的头脑，他时刻具有新想法、新手段，他专心地为首部商用微型电脑A1tait编出了Basic语言软件。可以说，是强烈的好奇心成就了他的事业。

从比尔·盖茨成功的经历中可以看出，好奇心常常促使一个人深入研究、探索，从而发现许多前所未有的东西。可以说，任何一项新发明都是对好奇心的验证和实现。

好奇心对一个人的发展是很重要的。因此保持我们的好奇心吧，即使你学富五车、才高八斗，但较之人类文明也只是沧海一粟，如果一味守旧，你可能不会有任何新的突破。我们可以利用业余时间上上网、看看报、看看电视，看看这个世界每天都在发生什么，它可能和我们的生活息息相关；看看在我们从事的领域又有哪些新鲜玩意儿，它可能使我们的工作更具成效；看看别人都在想些什么、说些什么、做些什么。它可能会启发我们的思维。保持我们的好奇心，你会发现，每天都是一个新的你。好奇心让每天的你变得不一样。

第二节　不达目的，誓不罢休

世上的成大事者没有一个是靠自暴自弃来实现自我的，相反他们都是不甘于堕落，是不达目的不罢休的。

命运掌握在自己的手中

都说小时候的经历会影响人的一生，乔布斯的经历更加验证了这一点。乔布斯的童年时期有着一段不同寻常的经历。当他还是小男孩时，他被弃养了，这段经历在他的成长过程中产生了重要影响，甚至有人说乔布斯那奇怪甚至让人难以忍受的性格都是因为童年的经历造成的。也许正是这种叛逆和创新，使乔布斯成就"苹果"的神话。

年轻就是资本，年轻时可以有失败，也可以有放纵的个性，但是在这些背后应该还有自己真正的灵魂，可能他一时走丢了，但是该找回来时我们就要幡然醒悟，乔布斯就是在颓废后选择了重新站起来，顽强地创造了属于自己的辉煌人生。

乔布斯的亲生母亲是一名年轻的未婚妈妈，后来的养父母只是工薪阶层，他们都没有念过大学，养父甚至连高中都没有上过。起初乔布斯的母亲也一直犹豫是否同意这对夫妇收养乔布斯，由于这对夫妇非常喜欢乔布斯，很想将他领养回家，在多次沟通之后，这对夫妻向乔布斯的生母保证一定会让其上大学，他的母亲才在领养书上签字，把乔布斯交给了他们。

好像命中注定的，这个刚刚出生的小乔布斯成了这个普通的美国家庭中的一员。可能正是这种被领养的烙印深深地留在了乔布斯的灵魂深处，他在很小的时候就开始追问："我是谁？我有什么价值？我来这个世界干什么？"想必这是很多哲学家一生都在追寻的哲学命题。有些人一辈子也没想去弄清楚的基本哲学命题，乔布斯在少年时就已经开始触及了。也许正是这个疑问的驱使，使乔布斯努力地去"寻找自己"。

小时候的乔布斯和大多数小男孩一样，非常调皮，喜欢搞恶作剧。可能是由于被领养的经历，乔布斯上小学的时候就性格孤僻、爱哭，很难和别的同学相处，有些格格不入。他的老师回忆起少年时候的乔布斯说："他有点另类，有时候不爱跟大家一起玩，他看事物的方式与众不同。"

用现代的说法来说，乔布斯的这种行为十分叛逆。但是，这样叛逆的性格并没有抹杀他对电子产品的兴趣。为了弄清一些电子产品的原理，他经常拆卸一些小型的电子产品，这也和乔布斯的养父母家的环境有着直接的关系。他养父母生活在加利福尼亚州的一个乡下小镇，后来很多电子公司搬到了这里，也就是美国硅谷的发源地。幸运的乔布斯常常遇见一些电子公司的工程师，乔布斯每天和这些电子工程师在一起，很多工程师都很喜欢这个聪明好学的小男孩，也经常会送给他一些电子产品。这使乔布斯对电子产品的兴趣逐渐浓厚，这也就奠定了乔布斯后来成立苹果公司的基础。

正是因为小时候形成的叛逆及孤僻个性，中学时代的乔布斯还是不善于交际，也没什么朋友。他的生活不像别的孩子一样轻松，总是一个人长时间地待在车库里与电子产品为伴。这给他带来了无穷的乐趣。

1972 年，乔布斯决定在里德学院开始他的大学生涯时，乔布斯的养父母几乎拿出了全部积蓄为他交了学费。受美国嬉皮士文化影响的乔布斯把他原有的叛逆发挥到了极致，在学校的时候，他不仅长发披肩，而且经常光着脚，穿着邋遢、破旧的衣服，借以从外表来显示自己张扬的个性。乔布斯在里德学院上了 6 个月后，就对大学的生活感到厌倦了。他开始反思，觉得大学不仅让他花光了养父母的积蓄，而且也解决不了他小时候就反复思考的问题："我是谁？我有什么价值？我来这个世界干什么？"

后来，乔布斯果断地决定从里德学院退学，他设法向学校讨回了所交的学费，开始了另一种生活。乔布斯退学后，对书法产生了浓厚兴趣，而且痴迷于东方哲学，对佛教尤其感兴趣，因此他还成了一个素食主义者。由于对佛教的痴迷，乔布斯决定去印度寻求人生真谛。两年后，乔布斯从印度回来，他几乎变了一个人，整天穿着橘黄色的袍子，还剃光了头发。后来他脑子里又充满了各种奇思怪想，甚至一度想当歌手。

这时候的乔布斯还是没有找到自己的方向。处在逆境中，有的人会为了想脱离逆境而奋斗，有的人却会为了无法克服逆境而堕落下去。当然，能成功的一定是前者，毁灭自己的则是后者。虽然乔布斯迷茫过，但他没有选择让自己颓废下去，他在暗暗地重新思考他的人生。他决定找一份工作，成为一个自食其力的人，他还改掉了很多的不良习惯。可见，乔布斯为了达到目的做出了很多努力，或者说为此他不惜改头换面。

乔布斯依然保持着对电子产品的热爱，他和乔布斯·沃兹在同一家电脑俱乐部里相遇，二人关系逐渐变得亲密起来。同时，乔布斯·沃兹在以后的发展中也为乔布斯提供了很大帮助。

在商业判断、投资方面，乔布斯从不怀疑自己，沃兹在设计出第一款电脑时，乔布斯以他的聪明才智从中发现了巨大的商机，于是他说服沃兹辞职和他合作开一家新的电子公司，于是产生了苹果公司。

由于乔布斯精明的头脑和敏锐的洞察力，1977 年 1 月，苹果公司正式注册成立。1980 年，《华尔街日报》的全页广告写着"苹果电脑就是 21 世纪人类的自行车"，并登有乔布斯的巨幅照片。就在这一年的 12 月，苹果公司股票公开上市，在不到一个小时内，460 万股全被抢购一空，当日以每股 29 美元收市。按这个收盘价计算，苹果公司高层产生了 4 名亿万富翁和 40 名以上的百万富翁。乔布斯作为公司创办人当然是排名第一。

没有失望，就没有失败

没有一个事业有成的人是靠自暴自弃来实现自我的。相反，他们都是不放弃自我的人，是不达目的不罢休的。乔布斯从一名叛逆的不良少年到创建苹果公司，成为百万富翁，他为那些正在彷徨的少年树立了榜样，同时也带给他们激励和信心。

乔布斯说："你在向前展望的时候不可能将这些片断串联起来，你只能在回顾的时候将点点滴滴串联起来。所以你必须相信这些片断会在你未来的某一天串联起来。你必须相信某些东西：你的勇气、目标、生命……这个过程从来没有令我失望，只是让我的生命更加与众不同。"

每个人都有着无法改变的先天特质、缺点、出身，但并不是每个人都能很积极地认同自己的一切，进而迸发出惊人的爆发力去开拓自己的人生。也不是每个人在走了弯路后都有重新思考人生并找回自己的机会，很大一部分人是选择自暴自弃并声称这就是自己的命运。如果你真的屈服于"命运"的禁锢，就真的无可救药了。

比如贝多芬就没有屈服于命运，他被称为天才，留有九大交响曲以及很多不朽名曲，但大家都知道他得了堪称对音乐家致命的疾病——耳聋，但是他却能突破这个障碍，为音乐奉献了一生的才华。贝多芬说："勇气就是身体不管怎样衰弱，也想用精神来克服一切的力量。"

想要成功，缺乏勇气是不行的。缺少勇气的人在经受到某些挫折打击之后会格外消沉，会觉得自己已经没有力量爬起来。殊不知，一切所谓的命运都是掌握在自己手中的，找回那份勇气和自信，激励自己重新振作起来，一切都会过去，一切都会变得美好而充满希望。乔布斯就有这种精神，为了达成理想，他不断突破自己，最终从一个颓废青年打拼成一个举世瞩目的富翁，这种不达目的不罢休的精神，着实令后人赞叹。

第三节　怀抱改变世界的胆量

勇气与胆量是获得成功的必要条件。有敢于摘取成功桂冠的勇气，才有可能靠近成功，而在成功的最后一刻怯懦后退，只会留下遗憾。

"如果不敢去跑，就不能赢得竞赛；如果你不敢去战斗，就不可能赢得胜利。"

我国有句古话说："才、学、胆、识，胆为先。"有人以为胆量算不上什么，然而仔细看一下我们周围的人，你就不难发现，天下其实永远都不缺少有才华的人。有才华的人到处都是，但真正有胆量的人却是凤毛麟角。丘吉尔曾说："勇气足以被当作人类德行之首，因为这种德行保证了所有其余的德行。"那个敢于第一次吃螃蟹的人也就是不怕死，甚至敢于拿自己的生命作赌注的人，这些人就是有胆量的人。决定你能否成为领导者，外部环境不是主要因素，关键要看你自己的胆量。

培养自身的胆量

当今社会竞争异常激烈，没有胆量马上就会被吞噬。就像蛇追逐老鼠的时候，十有八九都会得手。为什么呢？除了蛇身细长，可尾随老鼠直奔进洞，使鼠无藏身之地外，主要靠的是恐吓——它一边追，一边吐出长长的信子，搞心理攻击战术。老鼠之所以葬身蛇腹，输的主要不是速度，而是胆量。在一般情况下，老鼠瞬间奔跑的速度是蛇的 2～3 倍。可是当蛇追赶的时候，老鼠一边逃，一边头发昏、腿发软、身发颤、心发抖，有时明明转一个弯就可以摆脱蛇的追赶，但它吓破了胆，望蛇生畏，什么计谋都想不出来了。有时候，老鼠还一边逃，一边回头望，看蛇离自己的距离有多远。这么一停顿，一喘息，蛇便又紧紧地追了上来，最后老鼠只能束手就擒，成为蛇的美餐。老鼠最终死于自己的没有胆量，怪不得人们说"胆小如鼠"，看来还是有道理的。

如果你有足够的胆量，就不会坐以待毙了。只要你拥有胆量，即使是身处绝境，你也会尽全力博一下的，这就有了胜利的概率和希望。如果没有胆量就只能任人宰割。

乔布斯就是一个敢冲敢闯的人。当年乔布斯正因为有过人的胆量和智慧，才敢以小小的一部电影的成功叫板迪士尼，最终达成电影收入与迪士尼五五分成。当时想与迪士尼合作的公司有很多家，但是最高分成也没有超过 15%的，是什么让乔布斯提出了这个条件呢？除了他手里抓着王牌外，更重要的是他那过人的胆量。不要以为只有你害怕，你的对手同样害怕。当你想着退缩的时候，你的对手可能正想着退缩。在势均力敌的情况下，决定胜败的不是实力，而是胆量。这就是乔布斯用行动践行的真理。

乔布斯的眼光是没有错的。2006 年，迪士尼公司以 74 亿美元的天价收购了皮克斯公司，乔布斯成为迪士尼最大的股东。也是胆量让乔布斯在"苹果"深陷困境时重新接管"苹果"。众所周知，苹果公司是一家电脑公司，但是乔布斯还有更高的追求。他不想让"苹果"的产品仅仅局限于单一的电脑，他挑战了从未接触过的音乐世界。2001 年，乔布斯为"苹果"推出的掌中音乐播放器 iPod 揭幕，它的诞生又打破了以往数百种 MP3 播放器的局限，成为市场上主导数码音乐播放器和必备的时尚用品。可见，胆量和魄力能够促使人取得更大的成功。

在奋斗的过程中，谁终日折腾，并且甘愿承受失败的恶果呢？只有有胆量的人，不怕挫折的人，甚至是不怕死的人，才肯这么做。但凡天下大事，又必须有胆量的人才能做得起，撑得住。乔布斯的折腾就没停止过，有人评价他的整个职业生涯都充满了"赌博"。乔布斯擅长赌博，因为他热爱挑战，他似乎不在乎输赢，更喜欢挑战的刺激，于是他开始有了小鱼对抗大鱼的赌博，这次又是迪士尼。《玩具总动员》《虫虫特工队》《怪物公司》和《海底总动员》这5部票房冠军就带来了25亿美元的收入，这样的票房神话又是由乔布斯所创造。

在《海底总动员》上映前，皮克斯与迪士尼开始了续约谈判，迪士尼不希望《海底总动员》取得成功，从而提高皮克斯向迪士尼讨价还价的本钱。乔布斯洞悉了迪士尼CEO埃斯纳的心思，于是故意在谈判中提高要价。最终《海底总动员》上映后取得了前所未有的票房纪录。乔布斯就是有这样的胆量去赌博，即使迪士尼是一个全球营销能手和发行机器，拥有强大的影院和电视发行渠道，他也毫不畏惧。

胆量和魄力决定了成功

有一句话说："风险越大，收益的绝对值越大。"像乔布斯这样有胆量的人多具备乐观的风险意识，他们是天生的冒险家，他们在危险中自由地畅行，抓住机遇，从而获得巨大的成功。你不敢冒风险，你就没有机会。成功有时不是靠学历、培训经历，而是靠胆量。

成功的企业家和领导者不仅要有经营管理的才能，更需要有胆量。在日趋激烈的竞争中，如果没有一定的勇气和胆量，即使做出比较切合实际的预见，也不能很快地发展下去。杜邦第六任总裁埃尔说："即使看到前面的东西，如果不敢迈出去，也无法得到。"许多有能力、精明的人，为了成就他们的事业，长年学习和掌握的都是围绕着如何提高自己胆量的问题。他们终日在心里默默训练的那个东西，原来就是胆量。他们说的要全面提升素质就是如何提升自己的胆量。所以，胆量往往才是承受生活中一切艰辛、取得所有成功的基础。

故事发生在日本三洋电机的创始人井植岁男的家里。一天，他家的园艺师傅对他说："社长先生，我看您的事业越做越大，而我却像树上的蝉，一生都坐在树干上，太没出息了，您教我一点创业的秘诀吧。"井植点点头说："行！我看你比较适合园艺工作。这样吧，在我工厂旁有两万坪空地，我们合作来种树苗吧。树苗1棵多少钱能买到呢？"园艺师傅说："40元。"井植又说："100万元的树苗成本与肥料费用由我支付，以后3年，你负责除草施肥工作。3年后，我们就可以收入600多万元的利润，到时候我们每人一半。"听到这里，园艺师却拒绝说："哇，我可不敢做那么大的生意！"最后，他还是在井植家中栽种树苗，按月拿工资，白白失去了这个绝佳的致富良机。

如果说人生像一座大山，那么有胆量的人就会不畏艰苦，不断攀登，把每一个困难都当成一次挑战，把每一次挑战都当成一次机遇，最后傲立巅峰。更进一步说，你之所以不是自己想要成为的那种人，其原因就是因为你不敢成为那样的人，就像那个园艺师傅成不了井植岁男那样的人一样。一旦你有了这种勇气，一旦你不再随波逐流，而是勇敢地面对生活，你的生活将从一个崭新的阶段开始，你将发现勇气给你灌输了新的力量。

真正做大事的人，不一定都是精明人，但却一定是有胆量的人。乔布斯正是凭借自己的胆量，取得了商业上的胜利，创造了奇迹。人类社会要不断进步，就需要不断征服，需要闯劲，需要冒险，需要不怕危险的胆量和勇气。

有一种胆量是可以穿透梦想的，成功可以用胆量缔造。许多能人，做事冷静沉着，看问题仔细清楚，破解事物的本领到了惊人的程度，但他们却做不来事，有时正是由于他们的自以为精明，不愿意去接受新事物，导致他们一生平平淡淡，最终淹没在自己所谓的智慧里。

相对来说，做一个有胆量的人，比做一个有能力的精明人更难。在某种程度上说："胆量＝成功"已经成为一个经得起考验的科学公式，胆量也是不限人的，无论是谁，只要你能够勇于面对自己，坦然面对一切，不惧，不恐，不惊，能够勇于献出一切，甚至于自己的性命，你便是一个有勇气、有胆量的人，你的这种精神使你具有无坚不摧的力量。

第四节　充实地过好"今天"

今天是昨天的延续，明天的资本。在今天，该写的诗，让它充满浪漫；该绘的画，让它大放光彩。

学会把握今天

"只有把握今天，不断地汲取、积累知识，学会如何做人、做事，才能拥有对于明天的主动权，才能拥有抉择明天的权利。"这句话可以说是至理名言。很多人形象地说，人的一生中只有三天：昨天、今天和明天。昨天已经过去，永不复返；今天就在眼前，但很快就要过去；明天还未到来，很难掌握。如果一个人要想成功，关键在于抓紧今天，珍惜时间。人的一生犹如江河中的流水那样，每时每刻都在发生各种变化。许多人不知道把握今天，不珍惜眼前的每一次，即便是很小很小的机会，总是梦想着我将来要做一番不平凡的事业。

时间是不能储存的，它不能像金钱一样被人们存入银行，以备不时之需。能使用的只有被给予的那一瞬间，也就是今天和现在，今天一旦错过将一去不复返。既然我们还没有掌握明天的能力和资本，那我们就必须把握好今天。换句话说，你今天所做的一切都关系到明天的结果。

乔布斯就是一个懂得珍惜和把握当前的人。他永远把主动权掌握在自己的手中，他明白只有把握今天，不断汲取、积累自己的知识，学会如何做人、做事，才能拥有享有明天的权利，才能把主动权掌握在自己手中！

2004年，乔布斯被诊断患了癌症。他在一次演讲时提到了他的这段经历：

"我当时甚至不知道胰脏究竟是什么。医生告诉我，几乎可以确定这是一种不治之症，顶多还能活3～6个月，建议我回家，把诸事安排妥当。这是医生对临终病人的标准用语。这意味着我得把今后10年要对子女说的话用几个月的时间说完；这还意味着向众人告别的时间到了。"

"我整天和那个诊断书一起生活，直到有一天早上医生给我做了一个切片检查。我使用了镇静剂，太太在旁边陪着我。那时我害怕极了，怎么面对明天，明天会怎样，我甚至都不敢想，我不把今天的事情留给明天，因为我知道明天或许永远不会再来临。我努力让自己冷静，清醒地面对问题。于是提醒自己快死了，是我在人生中面临重大决定时，所用过最重要的方法。而且这个方法能让你直面自己的内心。人赤条条地来，赤条条地走，没有理由不听你内心的呼唤。"

"因为几乎每件事——所有外界期望、所有的名声、所有对困窘或失败的恐惧——在面对死亡时，都将烟消云散，只有最真实、最重要的东西才会留下。在我所知道的各种方法中，提醒自己即将死去也是避免掉入'畏惧失去'这个陷阱的最好办法。"

正是有了这种危机感，乔布斯积极地配合治疗，2004年他接受了癌症手术，2009年3月前往田纳西州孟菲斯进行了肝脏移植。他说，他的新肝脏来自一位死于车祸的20多岁的年轻人。手术后的乔布斯显得活力四射，精力充沛，好像他从来都没有得过什么病患一样。

战胜了癌症的乔布斯，打算同他真正的对手——比尔·盖茨展开一场新的战斗。他和他的苹果公司研发出了 iMovie、iWork 等全新的软件系统，开始将软件和硬件结合，以最大限度地发挥苹果公司的特色，继续创造苹果公司的辉煌。

乔布斯重返工作岗位后，苹果公司表示，他每星期都将在家里工作几天。这位总裁还被看见出现在"苹果"位于加利福尼亚的园区，并在公司食堂用餐。乔布斯已经在一些活动中现身，包括新一代 iPod 媒体播放器发布会、2010 年 1 月份 iPad 首次亮相、苹果公司的股东会议以及 iPhone 新软件介绍会。iPad 于 2010 年 4 月 3 日开始销售时，他还访问了家乡帕洛阿尔托的"苹果"商店，就新产品与顾客进行交谈，并与妻子参加了洛杉矶的奥斯卡颁奖典礼。可见他病愈之后一刻也没闲着，积极地投入到有关公司工作的一切活动中去。

从这个故事我们可以看出，乔布斯对待任何困难，即使是重病，他都不会放弃自己，不会放弃今天。因为他深知未来的机遇可遇不可求，自己的前程只能靠现在去开拓争取。紧紧把握住今天，拥有今天才拥有真实，把握住今天才有机会创造明天。

今天是昨天的延续，是明天的资本

人生是一个过程，今天是昨天的延续，是明天的资本。在今天，该写的诗，让它充满浪漫；该绘的画，让它大放光彩；该谱的曲，让它豪迈奔放；该给予的爱，让它岩浆般炽烈；该追求的就要大胆地追求，不要给自己的人生留下遗憾。

佛家流传着这样一个故事。

有个小和尚，他的职责就是保持寺庙里院子的清洁。每天早晨，他都要早早起床将院子清扫一遍。清晨起床扫落叶实在是一件苦差事，尤其是在每年的秋冬之际，每一次刮风时，大量的树叶就会随风漫天飞舞而下。每天早晨都需要花费许多时间才能清扫完树叶，这让小和尚头痛不已，他绞尽脑汁地想找一个好办法让自己轻松一些。

后来庙里有一个自以为聪明的和尚得知小和尚的想法后，对他说："你在明天打扫之前先使劲摇树，把树上剩下的树叶全部摇下来，后天不就可以不用扫落叶了嘛。"

小和尚听罢，觉得这确实是个一劳永逸的好办法，第二天就起了个大早，使劲摇晃树干。可是，第二天，依旧如往日一样落叶满地，他还得继续扫。

这时寺庙的住持走了过来，见小和尚闷闷不乐的样子，问清原委之后对他说："傻孩子，无论你今天怎么用力，明天的落叶还会飘下来的。"

这个故事告诉我们，世界上有很多事情是无法提前来完成的。脚踏实地地把握好今天，才是面对人生最正确的态度。

佛家还有一句名言，就是"活在当下"。人生其实不需要过多地期待明天，因为明天毕竟是个未知数，我们不知道明天会发生什么事。如果一个人一味地期待明天，那么就会在无意中浪费今天，使今天的美好时光在漫不经心中白白度过。所以，要想取得成功，关键是要努力拼搏，奋发向上，要把握好当下。

我们可以问问自己，有没有充实地过好今天？有没有荒废今天？有没有把希望都寄托在明天？到底还有没有地方需要改进？然后听一听"心"的回答。我们要从这些回答中找出问题，并解决它，这样我们才能不断进步，才能把握今天、创造明天！

有时候，一些人常常沉湎于回忆昨日失去的梦，奢望未来有美好的前景，却往往忽略了最真实的今天。其实，不必一味地回顾昨天，因为已走过的足迹已经被历史的尘埃所埋没。总是回顾过去，虽然也会找到让自己欣慰的回忆，但往往更多的却是惆怅和遗憾；也不要总奢望未来，因为未来的一切如海市蜃楼般缥缈，似彩虹般遥远。时间是一把无坚不摧的剑，它把过去斩碎，并且告诉我们沉溺于过去毫无意义。

时间是无情的，就像天上的云彩，翩然而来，又翩然而去。无论昨天是激情、宁静，还是哀叹、凄凉，都已成为过眼云烟。生活中大多数时光是平淡无奇的，我们需要为自己不平凡的人生做好充分的准备。如果你把每一天都当成生命里的最后一天，你将在未来的某一天发现原来一切成功都水到渠成。

虽然每个人都对明天有无限的向往和憧憬，但毕竟未来我们都无法预测。只有今天，才是真实存在的，才是能够被我们把握的。在今天的人生轨道上，昨天的成功与失败都显得苍白暗淡。今天可以抹去昨天的一切，昨天的理想可以在今天的沃土中埋入希望的种子，明天就会百花吐艳、硕果累累。有耕耘就会有收获。

我们要充实地过好今天。只有把握住今天，才不会虚度光阴；只有把握住今天，才是真正把握住了自己的生命；只有把握住今天，才会有一个充实、无悔的人生；只有把握住今天，我们才有实力去为了明天奋斗。就让我们像乔布斯一样，以积极的心态去面对每一天吧！

第五节　把梦想和工作合为一体

梦想也是需要不断寻找的，需要你自己去探索。只要你持续地保持着热情，努力地工作与生活，就一定会找到这个梦想。

带着梦想去工作

乔布斯是一个疯狂的梦想家，整天嘴里喊着"活着就是为了改变世界"的豪言壮语，以他狂放的姿态无限地追求着自己的梦想。这种热情燃烧着他的人生岁月。

有时候，人对待梦想要像对待宗教一样虔诚。大家知道，每一个虔诚的宗教信徒都会有这样的愿望：前往传说中的圣地，寻找心中崇拜与敬仰的大师，以求得到心灵的点化。乔布斯也不例外，作为一名佛教徒，他迷恋于佛教禅宗的神秘，在19岁那个对世界无限好奇也无限迷茫的年龄，他来到了印度，寻求他的宗教信仰。然而谁也没想到，就是在这个国度，他发现了自己的梦想。

1974年初，当时还在雅达利公司工作的乔布斯受到了罗伯特·弗里德兰的激励，迫切地想要前往印度，进行一次探究禅宗和自我奥秘的旅行。在雅达利工程师奥尔康的支持下，乔布斯完成欧洲的工作后，从欧洲出发，怀揣着"自我启蒙"、"寻找精神导师"的想法，开始了印度的探索之旅。

4月的新德里已经非常炎热，因为不适应当地的环境，乔布斯在那里得了痢疾，还发了高烧。等到病好后可以继续旅行的时候，他离开了新德里，去了赫尔德瓦尔——一个位于印度北部的城市。赫尔德瓦尔是宗教集会的盛行地，乔布斯恰好赶上举行"大壶节"——每隔12年才会举行一次的宗教集会，其盛况可想而知。

逗留几日后，他又来到了靠近奈尼塔尔的村庄。这个村庄是尼姆·卡罗里大师曾经居住过的地方，靠近喜马拉雅山，之所以说是曾经居住过，是因为当乔布斯到达那里的时候，大师已经仙逝。但是，他在那里遇见了一位和他成为终身好友的人——拉里·布里连特。布里连特是一位流行病学家，他的梦想是彻底治愈天花。

从最初的寻找精神导师到后来的苦行体验，乔布斯遇到了形形色色的人和事，他在印度度过了7个月的时光。印度与美国无论是宗教文化，还是经济发展水平都有着极大的差别。除此之外，乔布斯也注意到了另一个社会现象，那就是在印度以及亚洲的其他很多地方，还有无数的穷人迫于生活的压力都在辛勤地劳作，而他们使用的还是最原始的劳动工具。这是他第一次感受到，一个好的工具会带来多么巨大的效用，工具的革新是改善人们生活的重要手段。于是，一个梦想在他的脑海中渐渐浮现：我要改变世界。

在印度的游历让乔布斯萌生了改变世界的想法。发现梦想也许只是偶然的机缘，然而坚持梦想的信念就是每个想要成功的人必须做的事。

要改变世界的想法乔布斯并不是说说而已，后来的乔布斯在一步一步地按照这个信念实现着它，无论是创建苹果公司，还是将苹果发展壮大，都是实现梦想的过程。在苹果公司上市前第一轮对外融资时，乔布斯就是用"我要改变世界"这句话打动了施乐公司当时的创业投资经理李宗南。在李宗南的强烈提议下，当时已经颇有声望的施乐公司购买了苹果公司10万股的股份，同时，作为附加条件，苹果的技术人员可以参观施乐公司最核心的技术领地——帕洛阿尔托研究中心，从而达成了一种更深度的交流。

乔布斯一直为自己的梦想努力着。他凭借着对梦想的执着追求实现了在个人电脑、动画电影以及数字出版等六个领域的发展。无论后人对他有怎样的评价，不可否认的是，乔布斯真的改变了世界，而我们也在享受着他梦想的果实。

坚定你的梦想

"梦想很丰满，现实很骨感。"诚然，梦想与现实之间总是会有很大的差距，实现梦想的过程一定是艰辛而漫长的，但是请不要怀疑你的梦想，只有对它怀有坚定的信念，它才不会辜负你的努力。

石油大亨约翰·洛克菲勒曾经也是一个穷困潦倒的少年。说起他最初的梦想很多人可能都会嗤之以鼻。洛克菲勒很喜欢钱，因此他有着坚定的发财梦。他最初的创业目的也是因为他想要赚很多的钱。因为喜欢钱，他曾经把老板的一张 4000 美元的期票从保险柜中取出来，反复地摸着它，一副爱不释手的样子。他还多次与朋友提起，说自己一定会发财。有一次，他在受到了客户的不公平待遇后，对客户大声地吼道："你看着吧！总有一天我一定会成为最有钱的人！"就是这种近乎偏执的发财信念，成为他奋斗的动力。

细心观察每个成功人士，我们会发现，他们似乎都会对自己的梦想有着强迫症般的执着。每个人都不能否认，这种执着对于成功而言是莫大的推动，正是这份执着使他们一步一步向成功迈近。

也许有人认为，梦想只是小时候的遐想，就像小朋友说的"长大后我想当科学家"，其实则不然。梦想也会随着我们长大而不断地改变，它是每个人一辈子的大事。只是，随着我们慢慢地成长，我们可能会逐渐将梦想忘却了。于是，我们可能会开始变得迷茫，不清楚自己最想要的是什么，工作变成了维持生计的工具，人生缺少了努力的方向与动力。所有导致这一切的根源都是丢弃梦想造成的。

著名的投资大师吉姆·罗杰斯在《给宝贝女儿的 12 封信》中这样写道："拥抱着梦想过一生。"他说，也许你对工作并没有什么热情，它对于你来说仅仅是一份可以谋生的工具而已，那么，除了工作，你还需要拥有梦想。

罗杰斯开始第一份工作的时候，目的和我们一样，是为了赚钱。不同的是，他认为赚钱是一件极其有意思的事情，年轻的时候也没有对未来有什么长远的计划，只是觉得赚钱很好玩。做过不同的工作、接触过不同的人与各种新鲜有趣的事之后，他发现，在探索中学习是他喜欢做的事情，这就是他的梦想。于是，在 37 岁时，他开始骑摩托车环游世界。

他一共进行了两次环游，第一次是在 1990 年，他骑着摩托车花费了两年时间去了 50 多个国家；第二次是在 1999 年，这回，他开着奔驰旅行车，历时三年，去了 116 个国家，打破了吉尼斯世界纪录。在环游过程中，他遇到了很多有趣的事情。每到一个地方，他都会尽可能地与当地人在一起吃住，体验他们的生活方式，从中获得有利的知识，包括投资的商机。环游的浪漫有趣与金融投资合二为一，这也就是他所喜欢的探索与学习。用罗杰斯自己的话来说，"赚钱和理想融合是最美妙的事情"。

可见，梦想不是你一出生上帝就赋予你的，梦想也是需要不断寻找的，需要你自己去探索。只要你持续地保持着热情，努力地工作与生活，就一定会找到这个梦想。俗话说"实践出真知"，不同的生活会带来不同的体验。学会尝试与体验，你一定会在不期然中创造出令自己满意的生活。

由于对明天的向往，或者对生活的渴望，每个人都会有梦想，也许它还不甚明了，也许它在你的心中深藏已久，都没有关系。前者可以去寻找，而后者可以去实现，让梦想照亮现实，让我们的人生更有意义。

工作与梦想之间的距离并不遥远

人们常认为梦想与现实具有天壤之别，他们之间有着遥远的距离。也许学生时代我们还会有梦想，但是当我们步入社会之后经历了众多的失望和挫折，更会认为梦想遥不可及了。到时候那些所谓的梦想，就是被抛弃在角落里的美丽盒子，就算过去再精美，现在也布满了灰尘。没有梦想，我们是在为了生存而工作着。而有了梦想，它也仅仅是我们心中的美好愿景，觉得它既不能当衣穿，又不能当饭吃。

其实不是这样的，梦想不是放在玻璃橱窗里的精致工艺品，只能用来观赏。它是我们追求美好生活的愿望，是指导我们前进的目标。而工作是一种行动，是我们实现梦想的方式。这样看来，梦想与工作就是目标与行为的关系，它们的关系并不像我们想象的那样遥远，反而非常密切。因为我们每个人都只有攀着现实的阶梯，才能到达梦想的顶峰。

有一句话说得不错："心态决定一切。"当我们不再把梦想设定为遥不可及的憧憬，而将它视为可以通过工作实现的时候，距离梦想成真就不远了。

将梦想投入到你的工作中

一旦有了梦想，不要将它搁置于空中，请把它投入到你的工作中。我们不提倡没有梦想，但是也不会赞同只是高喊着梦想的空想家。既然有了梦想，就要用实际行动去实现它，这样才不是痴人说梦。

乔布斯就是一个伟大的梦想家，他大胆而独特，他的想法总是让世界惊叹。但是，他也是个将梦想投入无限工作中的实干家，他把工作视为他实现梦想的最好媒介。从他与沃兹尼亚克创建苹果公司、开发苹果电脑，到后来的 iPod、iPhone 等风靡世界的电子产品的出现，都是他在用他的事业践行着"改变世界"的梦想。将梦想投入工作中，不仅可以实现梦想，而且可以提高工作效率，并且每进步一点都会使自己具有巨大的成就感。

也许我们做不到像乔布斯那样优秀，但作为一个普通的奋斗者，我们该如何将梦想和工作结合在一起获得双赢呢？最好的办法就是找到梦想和工作的交集，将梦想与工作相融合，把梦想作为你努力工作的动力。以乔布斯为例，他的梦想是"改变世界"，他工作的内容是电子科技，于是他依靠研发高科技的电子产品来改变旧的生活方式，从而改变了世界。

像乔布斯一样，如果你的工作恰好是你梦寐以求的事，这是很幸运的。接下来很简单，那就是努力去做。假如你的梦想很抽象、很难实现，那么你可以思考一下，你最想从梦想中获得的精髓是什么。例如，你想从事心理咨询工作，因为那可以帮助在困境中的人，而从事心理咨询工作需要很强的专业知识，以你现在的实际情况很难实现。那么，你可以换一种方式，从事其他你能做的可以帮助他人的工作，这样获得的满足感与成就感是相同的。有时候转个弯不一定是放弃梦想，只是换一个思路，曲径通幽，进而间接地实现自己的梦想。

在现实生活中，无论采用什么方式将梦想投射到工作中，都会使你工作得更卖力，也更容易取得成就，进而梦想的达成也就是水到渠成的事了。

第六节 坚持是实现梦想的途径

这世界上有很多事的确是不可能实现的，但是，有更多的事是可以实现的，只要我们去坚持不懈地努力追求。

成功由坚持而来

即使你是一个有天赋的人，如果不经过后天的坚持，你也绝对不会实现长久的成功。

梦想不是天生的赐予，它需要坚持不懈地去追求。任何一个成功的人都会走这条道路。从某种意义上来说，乔布斯是个很固执的人。他认定的事情，很少有人能够使他改变。或许，正是这种固执体现了他的独特个性，坚持梦想变成他能够成功的缘由之一。

乔布斯对于梦想的坚持体现在行动上。大家可以看到，他一生的工作都是围绕着实现梦想而进行的。他忠于自己的梦想，也执着于他的事业。即使被苹果公司驱逐，都没能阻止他坚持梦想的脚步。他实现梦想的作品是辉煌的，如在拉斯维加斯举办的美国消费电子展上引起轰动的 Apple Ⅱ 以及风靡全球的 iPod、iPhone 等；他也失败过，如 lisa、离开苹果期间创办的 NeXT 电脑公司等。但是，无论身处高潮或者低谷，他都没有想过要放弃自己的梦想，这种对梦想的执着追求是他最终成功的不竭动力，也是我们需要学习与借鉴的。

你相信有人能单单凭借着理论研究而获得 5 亿美元的丰厚报酬吗？看见那个在火车上瘦弱的小男孩了吗？那就是年少时候的他——威廉。

威廉是一个靠在火车上卖报纸和雪茄来维生的 13 岁男孩，但是，他却有一个很大的梦想：成为可以预测未来的交易商。预测未来？周围的人都在以不同的嘲笑口吻说着："别做梦了。"威廉并不在意别人的嘲讽，每次听见旅客们谈论有关投资方面的东西，他总会站在一边，仔细地听着。

长大后的威廉也没有忘记自己的梦想。因为没有钱，他住在狭小潮湿的地下室里，靠朋友的接济勉强度日，这样的日子过了6年。在这6年里，他每天都在研究证券市场，他把数以万计的K线画在墙上，以方便自己研究。为了得出可循性规律，他找出所有的美国证券市场中的信息，在这些杂乱无章的数据中寻找其中的规律。除了证券，他还研究了古典数学、几何学以及星相学等学科。

6年后，他提出的"时间控制因素"理论成为证券市场发展趋势最重要的预测方法。他本人也因此而赚取了5亿美元的巨资。他就是著名的"波浪理论"创始人——威廉·江恩。他凭借着自己坚持不懈的追求，让外人看来不可能的"预测世界"成为可能。

世界上没有绝对的事情，有很多的事是可以实现的，只要我们坚持不懈地努力追求。有一个词语叫作"坚韧"，心性的韧度，你思考过吗？你是否也是一个经得住风吹浪打的人？在坚持梦想的途中，那些或大或小的绊脚石，有没有让你想要放弃这条不好走的路？不管你的回答是什么，一个坚韧的人是不会轻言放弃的。

坚持是积少成多的过程

大家知道松下幸之助是著名跨国公司松下电器的创始人，被人称为"经营之神"。因为家庭的贫困，他很小就开始四处打工。

松下少年时是个很瘦弱的孩子，他家境贫寒，穿的衣服也是破破烂烂的。一次，他去电器公司应聘。负责招聘的经理一看见他，就把他拒绝了。想想也是，谁会聘用一个身材瘦弱又穿得破破烂烂的孩子呢？为了不伤害松下的自尊心，经理很善意地撒了一个谎："我们公司现在还不缺人手，如果你还想应聘的，可以两个月之后再来看看。"不知道松下听没听出经理的弦外之音，但是两个月之后，他真的再次出现在了招聘经理的办公室。经理很惊讶，这孩子还真的来了？这次，他说："你懂电器的知识吗？"松下摇摇头，经理说："那很抱歉，我不能录用你了。"松下回到家后，没有干别的，而是买了几本书，开始学习电器知识。

过了一段时间之后，松下第三次站在了经理的面前。经理皱着眉头，这孩子怎么又来了？松下说："我已经学会了基本的电器知识，其他的我可以一边打工一边研究。"经理没有什么理由再拒绝他，上下打量了他一番，开口道："在我们这里工作的人，都需要穿着正装，而你？"松下听了这话，咧嘴笑了。他回家之后，让他爸爸给他买了一件绅士气十足的正装。第二天，穿着它出现在了经理的办公室，这回换做经理笑了："小伙子，我还没见过像你这么有韧劲儿的人呢！"于是，松下经历了4次尝试，终于求职成功。

后来，他凭借着自己的韧劲儿和努力，创办了自己的公司——松下电器。随着时间的推移，松下电器逐渐地发展壮大。由于发展的需求，松下电器决定招聘几名管理人员。通知一发出，前来应聘的人众多。在这些应聘者当中，有一位年轻人给松下留下了极好的印象。这位年轻人叫神田三郎，他有着过硬的专业知识，而且他本身的气质和谈吐都非常出众。松下很期待这位年轻人的加入。在得知录取名单出来后，松下立即查看是否有他的名字。结果，录取名单上并没有神田三郎的名字。

原来，由于计算机出了问题，录取人员名单上漏掉了神田三郎的名字。就是这个问题，耽误了神田三郎的录取，也导致了后来悲剧的发生：当公司人员再次通知神田三郎来入职时，得知神田三郎由于受不了打击，已经跳楼自杀了。

松下的下属和松下谈起此事时还是不胜唏嘘，一个人才就这样没了。松下却不赞同地摇头："我们该庆幸，没有录用他。这样一个经不起打击的人，就算录用了，在遇到挫折时，还是会被打倒。以后遇到的困难只会更大，一个遇到困难就寻死的人，我们能够信赖吗？"

松下幸之助的故事体现了乔布斯的一句话："创业者之所以有成功和不成功的差别，很大一部分原因在于是否具有坚韧的精神。"其实这个道理也具有普遍的意义，无论是创业者、上班族，还是学生，想要做成一件事情，没有坚韧的心性是很难成功的。所以，要想成功就要注重培养心灵的韧度。

微软的创始人比尔·盖茨也对梦想的实现有自己的见解。他在北京大学进行演讲提及梦想时说："以我个人看来，独自将脑海中的想法实现的道路漫长而艰辛，但是，如果有了同伴的帮助就不同了。你可以找到和你志同道合的人相互鼓励、共同努力。建立小圈子，计划出一些可行的步骤。唯一要确保的是你每一天都在朝着你的梦想前进。"可见他强调的也是坚持。

坚持是个积少成多的过程，保证你的每一天都有所收获，你就会离梦想越来越近。你可以做任何的事情，只要它是有意义并对你有帮助的。你可以每天晚上将自己一天的收获记下来，也许这个方法在现代看来很老套，但它却是很实用的。如果你每天都这样做，你会发现自己的每一次进步，长久地坚持下来也会变成一笔巨大的财富。

第 2 章

跟随我心——做自己热爱的事情

不论你想成为什么样的人，都应该活出自我，给自己一个培养创造力的机会，不要害怕，不要担心，过自己选择的生活，做自己的领导，掌握自己的人生。我们应该为自己的目标而活，至于任何方法，都只是工具，不应左右我们的人生。

第一节　活在自己的人生中

作为生活的创造者，你完全有能力改变自己的生活。

能领导你的只有你自己

每个人从出生开始便处于被领导的地位。从小，我们被父母领导；上学，我们被老师领导；进入社会后，又被上司领导；即使有一天，我们自己做了领导，依然还要被更高的上级所领导。实际上，我们能够真正领导的人只有一个，那就是我们自己。

乔布斯的成功给了我们一个启示，每个人的生命都是有限的，所以不要浪费时间活在别人的生活里。一个人立身处世，需要在意别人的评价和看法，把别人的意见当成自己的一面镜子，时刻注重改正不足，完善自己。但是，如果太在意别人对自己的看法，就会患得患失，迷失自我。人生毕竟是自己的，别人的建议可以作为参考，但不应该左右自己的意志。

当今社会复杂多变，似乎很多人已经迷失了自己，他们放弃了掌握自己未来的主动权，工作中永远是被领导着，这些人中的绝大多数都生活得并不开心，过着没有成就感且毫无目标的生活，感觉无比压抑。

活在别人的世界里是不会发出自己的光辉的。乔布斯从来都不活在别人的世界里，否则就没有今天的"苹果"神话。他说："不要犹豫，这是你的生活，你拥有绝对的自主权来决定如何生活，不要被其他人的想法和看法所束缚。"

可见，不论你想成为什么样的人，都应该活出自我，给自己一个培养创造力的机会，不要害怕，不要担心，过自己选择的生活，自己领导自己，掌握自己的人生。我们应该为自己的目标而活，至于任何方法，都只是工具，不应该因它而改变自己的目标。

毫无疑问，人要为自己而活。但有些人畏惧生活的磨难，或者过于在意别人的眼光，很多时候在为别人而活。

有一个老人留了1尺多长的雪白胡子，每个人都夸他的胡子好看，老人很是得意。有一天，老人在门口散步，邻居家的小孩好奇地问他："老爷爷，您这么长的胡子，晚上睡觉的时候，是把它放在被子里面呢？还是放在被子外面？"

听到这么一问，老人还真的没有回答上来，因为他确实没有注意过这个问题。晚上睡觉的时候，老人躺在床上突然想起白天小孩子的问话。他先把胡子放在被子的外面，感觉很不舒服；他又把胡子拿到被子里面，也是一种说不来的别扭。就这样，老人一会儿把胡子拿出来，一会儿又把胡子放进去，折腾了一宿，还是感觉不舒服。老人很纳闷，以前睡觉的时候，究竟胡子是放在被子的外面还是里面？第二天一大早，正好碰到邻家的那个小男孩，老人生气地说："都怪你，闹得我昨晚一晚没睡成觉。"

由此可见，过于在意别人的言论会使自己找不到属于自己的生活方式。现实生活中也不乏这样的现象。有人太在乎别人的想法和说法，别人无意间的一句话，一个眼神，都会让其耿耿于怀，坐立不安。甚至，有的人心思太重，几个同事在说话，当他进来的时候，同事们突然不说了，这个人就想，他们肯定是在说我的坏话，于是心中好几天都不高兴。这就是太容易受别人的言论影响了。

对于别人的言论和眼光，乔布斯有自己的看法：作为生活的创造者，你完全有能力改变自己的生活，你不能指望别人来解决你的问题，也从不需要在乎别人的眼光。乔布斯的思维和做法与主流的价值观形成了强烈的冲突，他只做自己喜欢做的事，在大学就主动退学，走别人没有走过的路，偏执地追求完美……如此种种贯穿着他创业生涯的始终。乔布斯很有主见，因此他能够掌握自己的生活。

在这个嘈杂的社会，不要让任何人的意见淹没了你内在的心声，乔布斯就是这样做的，他把自己的命运牢牢地抓在自己的手中。乔布斯的行为对今天的我们是否有一些激励作用呢？

不要活在别人的目标和方法里

2001 年 10 月 23 日，整个美国还没有从 9·11 事件的阴影中走出来，而乔布斯没有受这种主流情绪的影响，他的行动征服了世界，向世人宣布了他的与众不同，向世界展示了苹果公司的新产品——iPod 音乐播放器。

iPod 有一个光亮、鲜明、炫目的白色机身，可以连续播放 10 小时，存储 1000 首歌曲，是当时市场上第一款硬盘式音乐播放器。乔布斯对着人群大声说："使用 iPod 欣赏音乐难道不是很'酷'吗？使用它，你再也不必每天都听同样的歌曲了。"

事实证明，乔布斯的 iPod 是让苹果公司全面翻身的一支奇兵。2004 年 iPod 的全球销售额突破 45 亿美元，到 2005 年下半年，苹果公司已销售 2200 多万台 iPod 数字音乐播放器。乔布斯就是这么与众不同，不受任何思想和任何人的影响。

这个故事告诉我们，不要活在别人的目标里，更不要活在别人的方法里。乔布斯在斯坦福大学对即将毕业的大学生们进行演讲时说："复制别人的产品其实就是一种被领导。"大家看到的许多"跟风"行为就是如此。别人采取的某种方法成功了，那我就学来，也一成不变地利用上，总是走别人走的路。

在我们的生活中，大多数的人都是活在别人的空间里，他们很少去思考自己在生活中是一个什么样的角色，而是把所有的精力都用来想在别人眼里自己是什么样子的。他们总认为别人的东西永远都比自己好，别人永远活得比自己精彩，因此一味模仿。他们的思想里根本就分不清楚什么才是自己该做的，什么才是自己该去想的，这就是对自己的一种轻视和迷失。

乔布斯说："你的时间有限，所以最好别把它浪费在模仿别人这种事上。"这就告诉我们，不要盲目跟风，坚持做自己就好。就像辍学是他的选择，他学会了创新，但是其他辍学的人也许会妄想，"我如果辍学了就是第二个乔布斯"。这个模式并不一定适合每个人，它只是乔布斯的，所以我们需要找到适合自己的生活、适合自己的事业。就是说，我们可以成为乔布斯一样的伟人，但是我们没必要做与乔布斯同样的工作。

乔布斯的成功对我们的价值观应该是深有影响的，他告诉我们，不要让任何信条变成你行动的指南，使其束缚你的思想。你应该有自己的信仰，只有你自己的目标可以告诉你做什么，只有你自己的价值观可以告诉你该怎么做。因为只有你自己能为自己负责。有这样一个有趣的故事，似乎也说明了人们为什么需要与众不同。

　　　传说上帝最开始的时候创造了 3 个人。

　　　他问第一个人："到了人世间你准备怎样度过自己的一生？"

　　　第一个人回答说："我要用我的生命尽可能地去创造。"

　　　上帝又问第二个人："到了人世间，你准备怎样度过你的一生？"

　　　第二个人回答说："我要在我的生命中不停地享受。"

　　　上帝再问第三个人："那你呢？准备怎样度过一生？"

　　　第三个人说："我既要创造人生又要享受人生。"

　　　上帝给第一个人打了 50 分，给第二个人打了 50 分，给第三个人打了 100 分，他认为第三个人才是最完美的人，他甚至决定多"生产"一些"第三个"这样的人。

这 3 个人到人世间后，就像他们所说的那样度过自己的人生。

第一个人来到人世间，表现出了不平常的奉献精神和拯救感。他为许许多多的人做出了贡献。他为真理而奋斗，屡遭误解也毫无怨言，渐渐成了德高望重的人。他的善行被人们广为传颂，他的名字被人们默默敬仰，他离开人间，所有的人都依依不舍。到了很久很久以后，人们依然还记得他的事迹。

第二个人在他的人间旅途中表现出了不平常的占有欲和破坏欲。为了达到目的，他不择手段，甚至无恶不作。后来，他拥有了无数的财富，生活奢华。再后来，他因作恶太多而得到了应有的惩罚，正义之剑把他驱逐出人间，他得到的是人们的痛恨和鄙弃。

而第三个人，在人世间平平淡淡地过完了自己的一生。他建立了自己的家庭，过着忙碌而充实的生活。他离开人世的时候，就像当初悄悄地来一样，似乎没留下任何的痕迹。

我们不是寄生虫，也不是救世主，只要我们坚持做自己就好了。用乔布斯的观点解释：人要为自己而活，不是为上帝而活。是的，人不为上帝而活，更不为别人而活。我们的成功是我们亲手创造的，别人的成功之路不一定适合我们，所以不要崇拜任何人。你不是任何人的复制品，因此你的生活也不能成为别人的附属品。

"你的时间有限，所以不要为别人而活，不要被教条所限，不要活在别人的观念里，不要让别人的意见左右自己内心的声音。最重要的是，勇敢地去追随自己的心灵和直觉，只有自己的心灵和直觉才知道你自己的真实想法，其他一切都是次要的。"乔布斯告诉我们，在你有限的时间里，要活出自己的人生，这才是成功的人生。

在现实生活里，别人的成功你可以借鉴，可以学习，但不可以全部依样模仿，我们要努力追求真实的自己，创造出属于自己的成功。

第二节　追随自己的心灵

如果你了解自己，能够明白地做自己，便比职业规划还要重要。

适合的才是最好的

在我们还是学生的时候，老师就教育我们要为自己做一个职业规划，其实就是要我们对职业生涯乃至人生进行持续的系统的计划过程，它包括职业定位、目标设定、通道设计三部分内容。什么是职业定位呢？一是确定你是谁，你适合做什么工作；二是告诉别人你是谁，你擅长做什么工作。那些彷徨在成功边缘的人，尤其期望有人帮他们规划一下他们的职业方向，更有甚者完全依靠职业规划，想把自己的人生画在纸上，按图施工。这些人，可能不只做过一个职业规划，但仍然找不到最好的或最理想的工作，因为他们走的是别人规划的人生。

无论在哪个行业，我们要认识到一点——适合的才是最好的。根据职业顾问的数据统计，只有不到20%的人在真正"适合"自己的职位上工作，而且因为他们对自己的职业分析透彻，所以会有广阔的发展前景；近50%的人与职位的契合度只达到了基本合格水平，许多局限性造成他们的就业范围十分狭窄；剩下的就是个人与工作不能匹配的人群，他们始终被排斥在"理想的工作"之外。也许这些数据会让你担忧，但仔细想想谁能真正了解你是谁，擅长什么工作，适合什么工作呢？所谓的职业规划师设计的蓝图一定适合你吗？你就甘愿做一个按图施工的人吗？

你甘愿担任别人事业大厦的搬运工吗？

对于乔布斯来说，他的人生并不需要过多的规划，因为他很清楚自己想要的是什么，最适合自己的事业是什么。做自己想做的事、喜欢做的事，这样办事效率也会大大提高。

深入地了解了乔布斯你可能就会明白，职业规划是给那些毫无目标、不断徘徊的人发明的，而像乔布斯这样了解自己、只做自己的人来说，他即使没有职业规划，也不会脱离自己梦想的轨道。

1972 年，乔布斯 17 岁，他来到位于波特兰大的里德学院上大学，在那里开始学习印度佛教，从学生宗教领袖那里学会了如何做推销。在那里读了 6 个月后，乔布斯决定退学，他没有进行什么职业规划，也不相信那些职业规划师为他规划什么职业，他知道他需要什么，知道怎样去做，并且坚信日后会证明这样做是对的，他只做自己想做的事。

1974 年，到印度朝圣后，他认为爱迪生对世界的贡献比佛教大师要大得多。于是他回到硅谷参加了沃兹创立的自制电脑俱乐部。20 岁时，乔布斯和沃兹办起了苹果公司。10 年后，苹果公司发展成为一个拥有 20 亿元资产、4000 名员工的大企业。

事实证明，当年乔布斯的选择没有错。在 30 岁那年，乔布斯离开了苹果公司。这时的乔布斯也没有进行什么新职业规划，他依然做自己想做的事。1997 年 7 月因连续 5 个季度亏损，当时"苹果"已接近破产边缘，乔布斯又回到苹果公司。

他做的第一件事是缩短战线，把正在开发的 15 种产品缩减到 4 种，而且裁掉一部分人员，节省了营运费用。其次，发扬"苹果"的特色。苹果素以消费市场作为目标，所以他要使"苹果"成为电脑界的索尼。上任伊始便着手开发 iMac，使得电脑非常适合家庭的使用。第三，开拓销售渠道，让 CompUSA 成为"苹果"

在美国全国的专卖商，使 Mac 机销量大增。第四，调整结盟力量，同宿敌微软和解，取得微软对它的 1.5 亿美元投资，并继续为"苹果"机器开发软件。

1998 年上半年 iMac 面世取得成功，苹果公司扭亏为盈。当年，人们谈论的是恢复青春活力后的"苹果"将会怎样推动电脑事业的发展，而不是"苹果"即将破产。

乔布斯并没有在做事情之前详细规划好自己的人生，而是根据内心的指引，向着内心渴望的成功一直走下去。这看起来与我们提倡的设计职业规划相悖，其实有思想的人无须别人给自己定什么位，画好什么蓝图，他们想要什么样的生活，适合什么样的工作，只有他们自己最清楚他们"不作规划胜似规划"，人生轨道永远不会偏离。

倾听自己内心的声音

在我们的一生中，工作占了生活中的一大部分，让自己真正满意的唯一办法，是做自己认为有意义的工作；做有意义的工作的唯一办法，是倾听自己内心的声音，选择自己热爱的生活。一旦找到了自己喜欢的事，感觉就会告诉你，任何一种美妙的东西都会历久弥新。所以说，要不断地寻找，直到找到自己喜欢的东西，然后义无反顾地坚持下去。

搜狐副总裁王小川在谈到职业生涯时，举过一个例子。

一个出租车司机，他在北京首都机场排队拉客，有可能拉到亦庄的，也有可能拉到望京的。前者因为远，司机排队等候也值，后者因为近，排队等候可能比较亏，司机就会大叹倒霉。这时司机考虑是直接空车走还是等候，怎么规划，要建立一个模型的话，该考虑哪些参数？

王小川谈到这个问题时说："我也蒙了"。参数太多，太复杂，油价、过路费等，有很多假设因素。但是他觉得做这种判断只需要做一个假设：那就是出租车司机都不傻，如果有很多人在那里排队等待"趴活"，就说明趴活比空车要值，否则队伍就会变短。

"这是很公平的。回来跟趴活差不多，不用我考虑。主要是性格问题，如果你想安稳就直接空车回来，如果你喜欢冒险就等待。"

"什么情况都有可能发生。"

他对这个现象的体会是，做长远规划是没用的，有很多东西根本想不到。

"走哪条路都差不多。"

他在清华也曾经有无数人来找过他，有很多机会可以调换工作，但是他根本没有想过什么东西未来会吃香——包括他正在从事的大红大紫的搜索领域。

他认为，关键是做自己想做的事情，不做规划，反而有了机会就能抓得住，王小川简略总结自己的职业发展成功的秘诀——"做长远规划是没有用的"，"做事要发挥自己的优势和积累"。

王小川说得很有道理，一个人得知道自己的兴趣点在哪，并追随自己的想法，尽可能尝试不同的事情，不断转变自己的角色，找到适合自己的位置，而不是长远的规划。生命其实就是一种创造的历程，每个人都要了解自己创造力的来源，进而用它来创造自己的人生。

人生苦短，我们只有忠于内心的感觉，做自己想做的事才会让自己的生命更有意义。因为，生活中最大的幸福感并不是金钱方面的满足，而是能够放手做自己真正想做的事，并且乐在其中，这是一种内心的满足。

像乔布斯的苹果公司，它独特的文化以及创新方式和品牌魅力是使它与众不同的关键，做自己想做的事也是苹果的企业文化之一。成功的意义就是可以做自己内心想做的事情，这样你就会抵抗外界的干扰，不会轻易地放弃。很多做好职业规划的人并不一定真的能按照"职业规划"做出成绩，因为他们的想法和创意有时被规划好的条条框框限制住了，反而失去了很多机会，这就要求我们懂得变通了。

如何才能找到属于自己的成功道路呢？其实只要善于发掘自己的潜力，发挥自己的优势，经营自己的强项，成功就不难办到。同时，我们要能经得起风雨，不轻言放弃，用积极的心态去面对一切，追随自己的心灵，勇往直前，就能创造出属于自己的未来。

第三节　伟大的工作就是你所热爱的

有的人把工作看作是一种乐趣，享受过程，珍爱收获；有的人则把工作看成是一种负担，应付了事，从而也就在生活中失去很多。

效率是热爱带来的

如果把工作当成一种乐趣，那么人生就是天堂；如果把工作当成一种义务，那么人生就是地狱。可见，热爱很重要。我们看过非常多的关于成功学的书籍，也听过非常多的成功人士的故事，当我们静静地思考这句名言的时候就会发现，所有的东西都是万变不离其宗，做事和做人都是一样的，"乐在其中"最重要。

你过得是苦是乐取决于你对工作是否热爱。当你热爱你的工作和事业的时候，你的工作、你的事业也会给你相应的回报；当你只是把这份工作作为一份差事来应付，并不热爱它的话，它只会成为你的地狱。只有你深深地热爱着这个行业时，你才会把它做好，它也才会给你带来快乐。每个人都希望从事自己喜爱的工作，但现实往往不尽如人意。所以，在具体工作中，有的人把工作看作是一种乐趣，享受过程，珍爱收获；有的人则把工作看成是一种负担，应付了事，从而也就在生活中失去很多。究其原因，还是因为不爱造成的后果。

那些对工作充满激情的人，都是因为对自己本职工作的热爱，只有热爱才能真正地投入热情去把工作做好。有时候你无法控制自己的工作内容，但是你可以选择自己的应对方法。你只需要稍微努力一些就可以让自己快乐，并带着激情继续自己的工作。记住，只有你自己真心热爱你的工作，工作才能变成你享乐的圣地。

一般来说，对自己的工作越热爱，工作效率就越高。有些人对工作的热爱几乎达到了废寝忘食的地步，因为工作给他带来成就感让他兴奋，工作使他活得充实，所以他本身和工作都会得到很大提升。

高尔基说，天才是由对事业的热爱而发展起来的。工作狂就其本质而言，只不过是他对事业、对工作过程的热爱而已。乔布斯就是这样一个不折不扣的工作狂。正是因为他对职业的热爱才缔造了一个计算机界的神话。

乔布斯（Jobs）在英文中意为"工作"，也许这就注定了他是一个名副其实的工作狂。这个工作狂也往往这样度过他的一天——早晨6时起床，工作一会儿，吃早点，然后等孩子们上学后再工作一个小时左右，9时左右去苹果公司上班。无论他在哪里，他的计算机都通过高速网络和苹果公司连接在一起，他随时都可以处理文件和电子邮件。虽然如此忙碌，但乔布斯并不觉得这是一种辛苦，他说自己很幸运，年轻的时候就知道自己热爱什么职业，这个信念帮助他成功地创建了苹果品牌，即使在条件艰苦的仓库里汗流浃背地工作也无怨无悔，这就是热爱的力量。

大家也许知道乔布斯被"苹果"开除的事，原因就是因为他的经营理念和董事会背道而驰。自己一手创立的公司把自己赶走，这残酷的现实并没有浇灭他对电子行业的热爱。几经波折，乔布斯又坐回了"苹果"

总裁的位置，并带领"苹果"创造了一个又一个的奇迹。乔布斯成就了非凡的事业，他说那是因为他很幸运地找到了自己热爱的职业，事实上是他"热爱"背后的坚持不懈成就了他。在一次健康检查中，乔布斯被查出胰脏出现了一个肿瘤。接受手术后，他又重新回到了苹果公司。经历了挫折，乔布斯感慨地说："人生会用砖头打你的头，但不要丧失信心。我确信，我爱我所做的事情，这就是这些年来我继续走下去的唯一理由。"

热爱会使你觉得轻松。当你热爱你的工作时，你的工作就不单纯是一种劳动，而是一种娱乐。你可能因为看一部电视剧而整夜不睡觉，你可能因为一个游戏几天几夜不合眼，甚至不吃饭。归根结底，那是因为你热爱，你投入，你甚至感觉不到疲惫。

世界上没有卑微的工作，只有卑微的心态。如果你以麻木的态度对待工作，就是轻视了自己和工作本身。要热爱自己的事业，这是成功的起点。在喜欢自己的工作的情况下，即使做得再累，也往往不会觉得辛苦。事实上，当一个人真正喜爱自己的工作时，他根本就不觉得是在工作。热爱自己的工作，用心品味我们的工作吧！

热爱自己的工作

在微软，有这样一个员工，她是办公楼里临时雇佣的清洁女工。在整个办公楼的几百名雇员里，她是唯一没有任何学历的人。她的工作量最大，薪水最少，可她却是整座办公楼里最快乐的人。每一天，哪怕是每一分钟，她都在快乐地工作着，对任何一个人都面带微笑，对任何人的要求，哪怕不是自己工作范围之内的，也都愉快并努力地跑去帮忙。周围的同事都被她感染了，有很多人成了她的好朋友，甚至包括那些被大家公认为冷漠的人，没有人在意她的工作性质和地位。她的热情就像一团火焰，慢慢地，整个办公楼都在她的影响下快乐了起来。

　　盖茨很惊异，就忍不住问她："能否告诉我，是什么让您如此开心地面对每一天呢？"，"因为我热爱这份工作！"女清洁工自豪地说，"我没有什么知识，我很感激企业能给我这份工作，可以让我有不菲的收入，足够支持我的女儿读完大学。而我对这美好现实唯一可以回报的，就是尽一切可能把工作做好，一想到这些，我就非常开心。"

　　盖茨被女清洁工那种热爱工作的态度深深地打动了："那么，您有没有兴趣成为我们当中正式的一员呢？我想你是微软最需要的。""当然，那可是我最大的梦想啊！"女清洁工睁大眼睛说道。

　　此后，她开始用工作的闲暇时间学习计算机知识，而企业里的任何人都乐意帮助她，几个月以后，她真的成了微软的一名正式雇员。

　　像乔布斯和那位女工一样，把工作当成一门学问去研究，当成自己奋斗的理想目标，并努力向上攀登。这才是真正地热爱工作。热爱工作，就是热爱生活，热爱你自己。每一个人都应该热爱自己的工作，即使这份工作你不太喜欢，也要尽一切能力去转变，去热爱它。工作是扩展自我、获取新知识、探求新境界最好的方式，因此我们一定要投入全部的热爱。

　　一位成功人士说："成就一番伟业的唯一途径就是热烈地爱自己的事业。如果你还没能找到让自己热爱的事业，那就继续寻找，不要放弃，跟随自己的心，总有一天你会找到的。"因此，热爱你的工作吧！如果没有热情，你很难做好任何一件事情。把成功的热情和败者的愚钝做一下比较，你就会对自己的工作有一个全新的认识，它在大千世界中的位置没有你想象的那么微不足道，你的工作不应该没有价值，热爱自己的工作既是对工作负责，也是尊重自己。

　　工作是一个人生活的一大部分，它是你获得幸福的源泉，是你的理想所在，是你对待人生态度的体现。工作将填满你的大部分人生，人生唯一能获得真正满足的方法就是——做你相信是伟大的工作，而伟大的工作是你所热爱的事业。我们可以从工作中释放自己的热情、能量和智慧，获取一份快乐，赢得一份成功。

乔布斯演讲时说："我很清楚唯一使我一直走下去的，就是我做的事情令我无比钟爱。你需要去找到你所爱的东西。如果你现在还没有找到，那么继续找，不要停下来，只要全心全意地去找，在你找到的时候，你的心会告诉你的。就像任何真诚的关系，随着岁月的流逝只会越来越紧密。所以继续找，直到你找到它，不要停下来！"

公司领导都喜欢有工作热情的员工，每个公司都需要这样热爱自己工作的人。如果你为自己还是平凡岗位的一员而抱怨，就要调整自己对工作的态度。如果你从现在开始热爱你的工作，不论多平凡的岗位，你也会有不俗的成绩。从某种程度上讲，大部分成功都来源于热爱，因此热爱你的工作吧！

第四节　点燃自己的激情

无论我们能力如何，但是我们要对所从事的每一项工作都充满激情！

不要丧失了激情

一位伟人说过："假如你丧失了激情，你也就丧失了一切。"激情，在某些人看来也许不是一个过于流行的词语，但它却无时无刻不在影响着我们的工作和生活，反映着我们生活的价值和幸福的所在。"激情"在现代汉语词典中释义为具有爆发性的情感。成功一方面取决于才能，另一方面取决于激情。

那些像乔布斯一样带着满腔热忱去工作的人，在他们身上体现出一种与众不同的气质，被人们所欣赏。因为激情让他们朝气蓬勃，永葆青春；因为激情，让他们永不言弃，全力以赴；因为激情他们做出超然的成就。激情是吹动船帆的风，没有风，船就不能行驶；激情是工作的动力，没有动力工作就很难有大的发展。

美国经济学家罗宾斯说："人的价值 = 人力资本 × 工作激情 × 工作能力。"一个人如果没有工作激情，那么他的价值就是零。激情是可以相互感染的，经常与富有激情的人为伍，感受他们充沛热忱的魅力，感受他们对生活和工作的理解追求，自己也会变得充满激情。没有激情，就不可能去努力追求荣誉和成功，进而享受不到荣誉和成功的喜悦，会让人更加消极萎靡，丧失激情，如此反复进入恶性循环里。

乔布斯是当得起"激情"二字的。他经常说："有些业务我们能够为之，有些则无能为力，但无论怎样，我都感到自豪。"他充满激情的言语、表情、态度，给我们留下无比深刻的印象，也正是他的激情，感染了很多人，包括苹果公司的所有工作人员。

因为我们年轻，所以对工作更需要多一点热情和激情，应主动且有创造性地工作。工作需要热情和行动，工作需要努力和勤奋，工作需要一种积极主动的精神。只有以积极的态度对待工作，我们才可能获得工作所给予的更多的回报。与激情相对的，我们常常可以听到这样的抱怨：工作单调乏味，没有兴趣，我怎么会有激情？工作环境不好，压力大，我怎么会有激情？几乎没有重要的工作，做的都是小事，我怎么会有激情？付出的多，得到的少，我怎么可能会有激情？乔布斯在这方面给我们树立了一个好榜样。

激情是一种精神，精神状态是可以互相感染的，乔布斯始终以最佳的精神状态出现在办公室，工作有效率而且有成就，他的同事因此受到鼓舞，热情像潮水一样漫延开来。

乔布斯从"苹果"离开后，有一位与苹果公司合作的人士表示，公司气氛变得沉闷，会议也缺乏激情。在乔布斯病愈回到苹果公司后，整个公司的氛围又变得激情四射、生机盎然，并且更加具有创造性。

显然，乔布斯的回归给投资者带来了信心。科技咨询公司 Creative Strategies 创始人蒂姆·巴扎林称："如果我是投资者，我一定会感到兴奋。"巴扎林说："除了体重减轻外，乔布斯还是以前那个乔布斯，在战略远见、技术和设计水平方面丝毫没有减弱。"

乔布斯也没有辜负大家的期望，他回到"苹果"，立即就开始了对移动开发商的说服工作，希望他们放弃 Adobe 的 Flash 视频技术。他写下一封罕见的长达 29 段的公开信，详细解释了为何"苹果"不支持在 iPhone 和 iPad 中应用流行的 Flash 格式，并禁止其开发者在其产品中使用 Adobe 的开发工具。他参与 Flash 辩论表明其对苹果公司的远见卓识。这样一来，获得了更多的人对他的信任和敬佩。

人生是靠激情来支持的

激情是一种情绪，它洋溢着积极的因素，是一种积极向上的态度，更是一种高尚珍贵的精神，是对工作的热衷、执着和喜爱。它是一种力量，使人们有能力解决最艰难的问题；它是一种推动力，推动着人们不断前进。对乔布斯而言，充满激情比获得成就、获取功名更加重要。没有激情，就没有上进心，没有工作的热情，自然也就不会有壮丽的人生。

人生是靠激情来支持的，如果你失去了激情，那么你永远也不可能在职场中立足和成长，永远不会拥有成功的事业与充实的人生。

陈安之被誉为"国际华人成功学第一人"。曾经有人报道过他的成长经历。27 岁时，他便完全通过自身的奋斗成为亿万富翁。

在他的成长过程中经历过这样一件事，大四时，他报了一个成功学培训班，导师正是闻名遐迩的潜能激励大师安东尼·罗宾。

在集训场上，有一条 20 米长的跑道。路面上铺满了熊熊燃烧的炭火，炭火上盖着一块铁板。大师要求所有的学员必须脱掉鞋袜，从铁板的这头跑到那头。看着烧得通红的铁板，他的双腿早已瑟瑟发抖，不听使唤了。最后他鼓足勇气，试探着伸出一只脚，赶紧缩了回来，灰溜溜地躲到了队尾。刚好这时，两个女生看到他的样子，哈哈大笑起来。他感觉浑身的血液都"嗖嗖"地往上涌。突然，他拔腿就跑，一个箭步飞跃上铁板，百米冲刺般地跑完了全程，并且因为挑战成功兴奋不已。勇气从来都是激情的催化剂，它能激发人们焕发出无比的激情和动力。

顿时，陈安之明白了安东尼·罗宾为何要设"走火"这项极端训练，是想以此来说明成功学的一个真理：你如果想成功的话，要做的第一件事就是抛开所有的胆怯和犹疑，让所向披靡、无往不胜的激情充满你的体内。

可见，任何成功不是因为偶然，而是因为激情。一个人没有激情，就不会有昂扬的斗志，不会有自我发展速度的提升，许多重复琐碎的工作往往会扼杀激情。消极怠惰是激情的超级杀手，消极的人是悲观的，他们不相信成功终会到来；消极的人是怯懦的，他们缺乏积极进取的勇气和力量；消极的人是自暴自弃的，在他们的眼中，看不见阳光，看不到未来。

被世人当作偶像的微软创始人比尔·盖茨有句名言："每天早晨醒来，一想到所从事的工作和所开发的技术将会给人类生活带来的有利的影响和变化，我就会无比兴奋和激动。"这句话说明了他对工作的激情。在他看来，一个优秀的员工，最重要的素质之一是对工作的激情，而不仅是能力、责任或者其他因素。他的这种理念已成为微软的文化理念。

激情能点燃我们创新的本能。有了激情就有了不竭的动力，你的内心同时也会发生变化，你会变得更有自信，别人也会认识你到的价值。

激情能够创造不凡的业绩，缺乏激情，就可能一事无成，平庸一生。

激情是一种工作态度、生活态度，没有人能阻止你释放激情。乔布斯说："每天我把工作当作自己的事业来做。在工作的时候我身上就有一种激情在燃烧，让我精力充沛，效率不错，也不觉得累。当然有时候我也会遇到一些不如意的事情，心里也会感到些许的不舒服。回去睡一觉，第二天太阳照样升起，又开始新的一天。"

也许正是因为乔布斯的这种忘我工作的激情，成就了今天的苹果公司。就连微软总裁比尔·盖茨也不止一次提到，在美国科技界，乔布斯的工作热情无人能及，正是他拯救了"苹果"。作为同行，这也许是对乔布斯最中肯的评价了。

激情可以使乔布斯走向成功，我们也一样可以。所以不要把你的激情埋藏起来，一旦你习惯了埋藏，你将是一个了无生气的人。一个死气沉沉的人是不会在工作中有突出表现的，顶多只是干好自己的本职工作，当然你也不会得到老板的器重，更不会实现你的梦想。为了公司的利益，更是为了自己的美好未来，对你的工作和生活多一点热爱吧！

第五节　找出你的兴趣点

成功其实很简单，就是做你最感兴趣的事情，然后把它做到最好。

兴趣是成功的指南针

爱因斯坦说，兴趣是最好的老师，成功者和真正杰出的人，他们把兴趣看得比什么都重要。兴趣不仅仅会让你感到快乐，对于一部分人来说，兴趣还可能是一直指引他事业成功的指南针。之所以说是"少数"，是因为未必每个人都知道自己的兴趣所在。其实，只要你感兴趣，有一天你也会成为所谓的"天才"。

兴趣为人的成功输送不竭的动力。在有兴趣的前提下，人们就可以将自己的工作做得更出色。每个人在工作中都会面临很多的选择机会，一个幸运的人如果选择了更符合他兴趣的领域，工作起来就可能更充满干劲儿。一个人要成就一番事业，兴趣是必不可少的，它是我们工作成功的基础，当我们把兴趣转化为永恒的工作动力，我们就可以不断地向成功靠近。

西方有个传说，上帝在每个人出生后的幼年、少年经历中都给他埋下一颗种子，这个种子就是兴趣。有的人，在合适的时候，让这颗种子萌芽生长，获得了最强大、最原始、源源不断的成长动力。而很多人，这颗种子没有发芽，于是没有兴趣目标，没有成长动力，自然也就没有伟大的成就了。

10岁时，乔布斯对电子学方面的兴趣就明显表现出来了。在加利福尼亚州，新兴的电子公司雨后春笋般地发展起来。每逢周末，一些惠普和其他电子公司的工程师就会在自家的车库做维修。搬到洛斯阿尔托斯市后，乔布斯觉得自己进了天堂：他随时都能在各处的箱子翻到一两只废弃不用的电子元件，并将其拆开来看个究竟，玩上好几个小时。

当一个人从事他所喜爱的工作时，他将发挥个人最大的效能，而且也将更为迅速、更为容易地获得成功。乔布斯的成功来源于把个人兴趣与自己的天分融为一体，来源于他对兴趣的选择、坚守与努力。乔布斯对电子产品的兴趣，最终成就了他，也成就了苹果公司。从事一项你所喜欢的工作，工作本身就能给你一种满足感，你的职场生活也会从此变得妙趣横生。

乔布斯的经历验证了"兴趣是最好的老师"。子曰:"知之者不如好之者,好之者不如乐之者。"乔布斯儿时的兴趣不断引导着他的事业,甚至影响了整个世界。当然,我们说起乔布斯的成功,兴趣无疑起着重要的作用。但并非光有兴趣就一定会成功,而是有了兴趣就有了成功的动力。乔布斯,或者其他成功人士的成功,都是得益于真正找到了激发自己生命潜能的兴趣和爱好,并且能够在自己想做的事情和最适合自己做的事情上,投入全部精力和热情,这才是他们成功的关键。由兴趣产生热情,由热情铸就成功,这是一个良性的循环。

曾经有个报道轰动一时:38岁的蔡伟正式被复旦大学列入博士生拟录取名单。他并非出自名门,没有所谓"家学"的影响,但他自幼热爱书法,学生时代迷上了唐诗宋词,高二时在《文史》上偶然看到裘锡圭先生的一篇论文,从此被传统"小学"吸引。用他自己的话来形容,20年研习古文献的经历"没有人指导,是憋出来的","初中成绩还不错,到了高中,理科就学不进去了,就只对古典诗词感兴趣"。所有在图书馆中能找到的相关书籍,都曾是他心灵的慰藉。他高考落榜后进厂当了3年工人,下岗后,他干过食堂的"刷碗杂工",入复旦前都还在当着"神牛"三轮车夫。他无论做什么,无论什么时候,只要一有空,就读着这些"稀奇古怪"的文字,对古文献的研究兴趣依然不减,以至于"他对古人的行为和想法感同身受"。他以后走的学术道路似乎也是自然而然、顺理成章的事情。

兴趣是一种发自内心的爱,当一个人将感情投入所从事的工作时,工作质量将立即得到改观,效率将大为提高,而工作所引起的疲劳也会相对地大量减少,这就是兴趣的神奇作用。蔡伟的特殊之处在于,对古代典籍的热爱完全出于他的兴趣。

对于蔡伟来说,爱好和兴趣是一个人成功的阶梯。每个人都想成功,经历对每个人来说也许不一样。但是有一点,他们和乔布斯、蔡伟是一样的,那就是无论做什么事情,都不减对自己的兴趣和爱好的探求。对兴趣的深入挖掘，就是探索一条成功之路。

坚持自己的兴趣

我们所说的兴趣区别于那些心血来潮的喜好。现实中有太多人，一旦工作或环境有了新的变化，就常常失去对原来自己爱好和兴趣的坚持，自己原本可以和蔡伟一样因兴趣而成功，走着走着就变成了泡影，忘记了自己的坚持。

伟人之所以成功，是因为他们把兴趣与自己的职业定位结合在一起。有一名优秀的计算机工程师小王，自小就非常喜欢摆弄机器，曾把挂钟、半导体等家里带机器的装置的东西一一拆开，然后再把它们重新装好。工作后他在技术领域勤奋耕耘，稳步前进，获得不断晋升。人往往要对工作有兴趣，才能和责任感交相辉映，在工作达到一定高度的时候，位置越做越高，兴趣和责任感就会越来越强烈。后来小王升任为公司的管理职务，即便如此，他还说："只要我看到计算机程序图，就觉得时间飞快地过去，常常连饭都忘了吃。兴趣是成长、成功的起点和促使人进步的原始动力。"

如果能够根据自己的兴趣选择工作，实际上是一件非常幸运的事，但是如果能够选择而没有选择，那么你注定与成功失之交臂。

比尔·盖茨也是因为在上中学时就非常喜欢电脑和软件设计，并愿意花很多的时间学习和研究。在哈佛法学院读书时，他还是念念不忘软件，常在计算机房里泡到深夜，还创办了自己的软件公司。当他明白一个人如果想要成功，一定要做自己喜欢的事业时，他毅然决定放弃人们羡慕的律师前程，全力以赴投身于自己所喜爱的软件事业。乔布斯说："我认为我们两个（乔布斯和比尔·盖茨）是世界上最幸运的人，在正确的地点、正确的时间，发现了我们真正爱做的事。"

他们因为能够做自己喜欢做的事而心存感激。一个成功的创业者首先是兴趣驱动，而不是利益驱动。当今社会，有些人是为了工作而工作，却忽视了兴趣的原动力。因此，我们要在这种普遍性的情况下，寻找兴趣点就显得格外重要。爱好和兴趣不但不会简单衰竭，而且还会不断被激发，兴趣是一渠活水，源源不断地为我们注入活力。

兴趣是一个人成功的基础，只有从爱好和兴趣出发，才能像乔布斯他们一样，一直保持对工作的兴奋感和成就感。真正从兴趣爱好出发去工作的人，能做自己感兴趣的事对他们来说是无比幸福的。那些有成就的人有一个共通点：无论才智高低，无论从事哪个行业，他们必然是在做自己最热爱的事情，并且为此勤奋工作，努力进取。

兴趣是成功的秘诀。成功者与失败者在技术、能力和智慧上的差别并不大，但如果两个人各方面都差不多，拥有兴趣的人将会拥有更多成功的机会。任何人只要对工作抱有高度兴趣，他就一定会取得不平凡的成就。

兴趣是需要坚持的。如果一个人始终都在做自己喜欢的事情，即使一开始做得不太好，但只要他愿意花时间去学习，愿意像乔布斯那样完全地投入其中，坚持不懈，自然会越做越好。当他把事情做到最好时，荣誉和财富也就随之而来，这样的成功才会带给他更多的成就感和幸福感。

第3章

创意无价——
只要想得到，必定做得到

创新是企业成功的必备条件，而因循守旧、缺乏创新，无所作为，只能走向没落。一味模仿跟在别人身后，亦步亦趋，终究不会有什么发展。要想有所成就，就必须学会创新，另辟蹊径，不要拼命地往一条路上挤，小心因无力与他人对抗而被挤入山涧。

第一节 预测未来不如创造未来

创新是区分天才与平庸的一把标尺，人世间的一切创新都要向现存的规则挑战。

创新是天才与庸才的标尺

创新一直是乔布斯的经营理念。2006 年，在波士顿咨询公司与《商业周刊》联合举办的"年度世界十大创新公司"评选活动中，苹果公司不出意料地排名第一。

乔布斯重归苹果以后，着手的第一件事情就是重新树立起苹果式的创新文化，并将此作为企业成功的基础。从升级操作系统到推出半透明的 iMac、iPod，再到现在的 iPhone 和 Apple TV，乔布斯总力图让创新产品符合消费者心目中的苹果文化的印象。

在乔布斯的带领下，苹果再次创造了辉煌。苹果公司成就了世界上最先进的图像操作系统 Panther，40GB 大容量的 iPod 播放器，拥有历史上最强大处理能力的 Power G5。由于成功地推出在免费音乐交换和收费的音乐订购服务之间架起一座桥梁的 iTunes 网上音乐商店，苹果公司获选为《时代》2003 年度最有创造性的发明奖。

2007 年 1 月 9 日，苹果电脑公司更名为苹果公司，这预示着苹果更广泛的发展：电脑不是苹果的全部，苹果除了电脑，还有网络、渠道平台，更有 iPod、iPhone、Apple TV，未来可能还有游戏。换言之，消费电子产品将成为苹果公司新战略中的重点，而个人电脑产品将退居其次。苹果公司通过创造性的努力，在消费者心目中彻底塑造了一个创

新性苹果文化的品牌形象集设计、科技、创造力和高端于一体的文化理念。

我们来看看乔布斯是如何通过创新推出苹果最火爆的产品 iPod 的:

在 20 世纪最后的 10 年,以互联网和多媒体技术为核心的一场技术革命开始了。互联网是信息传播的渠道,多媒体技术则提供了数字化的信息源。原来的录音带和录像带很快被激光唱盘和 DVD 代替,随着声音和图像压缩技术的出现,这些数字化的音乐和录像很容易在互联网上传播。到了 20 世纪 90 年代末,互联网上充斥着各种盗版的音乐和电影。

以前,音乐唱盘属于一个垄断的暴利行业,音乐 CD 平均一张 10 美元左右,而制作成本总共只有十几美分到几十美分。网上免费音乐下载很快占整个互联网流量的 1/4,广大网民一下子学会了听下载的音乐、看下载的电影。同时,市场上出现了一些小的音乐播放器。但做得都不是很理想。虽然唱片公司集体告赢了提供盗版音乐的 Napster 公司,盗版的音乐和录像也很快从互联网中消失了,但用户使用一个小小的播放器听音乐和歌曲的习惯已经养成了。

独具慧眼的乔布斯早早就看到了两个重要的事实:第一,虽然已经有了不少播放器,但是做得都不好,尤其是当音乐数量多了以后,查找和管理都很难。要知道,从 1000 首歌里面按顺序找到自己想听的音乐可能要花几分钟时间。另外,要把自己以前买的几十张 CD 上的歌倒到播放器上更是麻烦;第二,广大用户已经习惯戴着耳机从播放器中听歌而不是随身带着便携的 CD 唱机和几十张光盘。因此,他不需要花钱和时间去培养出一个市场。

基于这两点考虑,乔布斯决定"重拳"出击,直击苹果的盲点,他决定开发被称为 iPod 的音乐和录像播放器。高瞻远瞩的乔布斯在上任的时候就重用了 iMac 设计师乔纳森·伊夫，而正是由他设计了苹果最火爆的产品 iPod。

在乔布斯的带领下，苹果公司很好地解决了一些关键性的技术问题。他们在播放器上设计了一个用手转圈划的音乐查找手段，使用户可以非常快地找到自己要听的歌。同时，他们设计了一种叫 iTune 的软件装在个人电脑上，可以自动地把电脑上和光盘中的歌曲音乐传到 iPod 中。另外，iPod 的电池一次充电后可播放长达 10 个小时，比以往的各种播放器都长得多。同时，苹果 iPod 的外观设计非常漂亮。所以，它 2001 年一经推出，就很受爱听音乐的年轻人喜欢。仅一年，iPod 的销售额就突破 1 亿美元。

伊夫设计出的 iPod 受到人们近乎狂热的追捧。一年后，iPod 的销售额接近 10 亿美元，占公司营业额的 15%。2004 年，iPod 的销售额近 80 亿美元，占整个苹果收入的四成。苹果公司的股票从 2003 年到今天已由最低点涨了 20 倍。

有没有创新意识是评价一个人天才与平庸的一把标尺，人世间的一切创新都要向现存的规则挑战。从词义学角度来理解"创新"，就是革故鼎新，弃旧图新，或推陈出新。我们如果不假思索地一味遵守前人制定的规则，缺乏离经叛道的勇气与智慧，时间长了，我们将会丧失天生的创新基因。倘若这样，人类将很难有所发现，有所发明，有所创新，更加难有进步。

创新是思维利器

创新是大大小小的企业创造商机的思维利器。大家知道，电冰箱是发展得高度成熟的家用电器，面对各种品牌之间的激烈竞争，它的销量难以增长，利润也偏低。在冰箱普及较早的美国，厂商们眼看着生意日渐寥落。然而，日本人却别出心裁，向市场推出一种前所未有的微型电冰箱，通过创新，满足了更多的客户群体，重新唤起了人们的消费兴趣。

这种新型电冰箱体积很小，其存储空间约 0.042 米～0.056 米，这种"小不点"冰箱供谁消费？在什么场合使用？其实在当时，提出这一开发课题的索尼公司对此也心中无数，只是试探性地将这一发明推向市场。

当这种微型电冰箱摆上柜台之后，人们开始用怀疑的眼光看来看去，琢磨着这玩意儿有什么特点，用它来干些什么。过了一段时间，一些公司经理看中了它体积小巧、便于携带的特点，尝试着将其作为"办公室用品"带进了办公室，大家发现这种"办公室冰箱"能给办公生活带来方便，因为它能使老板们轻松方便地得到冷饮和冷冻食品。一些喜欢驾车外出野营和旅游的家庭，也尝试着将微型电冰箱安装在车上，给野营和旅途带来清凉享受。于是，微型电冰箱又有了"汽车冰箱"的美称。

正是这些"办公室冰箱""汽车冰箱"的兴起，使一度疲软的电冰箱市场又重现生机，再次引来了消费热潮。

市场上曾流行过一种"乞丐包"，生产这种"不守规则"皮包的厂家是北京某皮件厂。该厂在制作皮衣的过程中剩下许多下脚料，这些碎皮子一直被当作废品便宜卖掉。有一天厂长突然想道：把这些大小不同、颜色各异的碎皮子拼接起来，稍加美化设计，不就成了一种款式新颖的皮包了吗？

拼接包样品出来后，工人们开玩笑说："哈，这不是叫花子讨米用的包吗？"

开始厂长听了有点不高兴，但是灵机一动，干脆将这种拼接包取名为"乞丐包"。

这正中追求个性的年轻人的下怀。于是，穿"破而不烂"的牛仔裤配上可怜巴巴的"乞丐包"，成了前卫青年的时髦打扮，这也是城镇中的一道奇异风景。

这个故事告诉我们，只有敢于打破常规和敢于创新的人，才能开辟出一条别人不曾走过的路，才能看到别人看不到的风景。敢于创新，就会有奇迹的出现。

经济日益发展，人们的生活节奏也不断加快，一些用户可能需要一款独特的洗衣机，洗完的衣服立刻就能穿。针对这样的需求，海尔集团就有了"衣干即停"洗衣机的研发计划。这样一款洗衣机，实际上是将烘干机和洗衣机的功能整合起来。但是，还有一个问题需要考虑，由于不同的地区湿度不同，所以洗衣机在烘干到什么程度时停下来又是个问题。如果把所有洗衣机的烘干程度都设为相同的，肯定无法满足不同地区人们的需求，这就需要具体问题具体分析了。

经过一系列的调查和研究，海尔工程师就在机器桶内加入了一个湿度感应器。这样既保护了衣物不会被过度地磨损，又节约了电能。如今这种感应器已经在市场上普遍存在，并非海尔自己研发出来的。所以利用起来成本较为低廉。其实海尔只不过是将市面上固有的技术整合到自己的产品中来，从而创造出一种新产品来满足消费者的需求。可见，创新也可以如此简单。

不过，这种创新并没有大幅度地提升海尔产品的成本，但是保证了海尔"衣干即停"洗衣机的独特性和创新性，使得顾客觉得"物超所值"。在成本基本不变的情况下，随着销量的增多，利润自然也随之一路飙升。

没有创新就没有进步。创新是企业成功的必备条件，而因循守旧、缺乏创新，只能走向没落，无所作为。跟在别人身后模仿，亦步亦趋，终究不会有大的发展。要想有所成就，就必须学会创新，另辟蹊径，不要拼命地往一条路上挤。

第二节　懂得改变观念的人才是赢家

现状每时每刻都在成为历史，正如时光每时每刻都在逝去一样，你永远不可能将某一现状固定在那里，让你得以舒心地睡大觉。

创新是常胜的原动力

不思创新就是不思进取。企业也要不断地进行自我革命，不断超越自我。我们也要学会"自我革命"，只有这样，我们的企业或者说我们个人才能摆脱被动落后的局面。

我们都知道瑞士钟表业已有 400 多年的历史。在 20 世纪 60 年代，瑞士年产各类钟表 1 亿只左右，产值 40 多亿瑞士法郎，行销世界 150 多个国家和地区。它在世界市场的占有率在 50% ~ 80% 之间，素有"钟表王国"之称。它的机械表畅销全球。于是，瑞士表的许多生产厂家满足于这种"霸主"地位，不愿开展创新活动。

1954 年，瑞士一位叫马克斯赫的工程师发明了石英电子技术，曾写了一份报告给行业首脑，竟然遭到鄙视，被认为毫无价值而受到冷落。1969 年，瑞士试制出了第一只石英电子表，又被钟表界的权威人士嗤之以鼻。

后来，石英电子表传到日本，他们立即动员电子专家同手表行业专家共同攻关。5 年后，第一批日本电子手表开始向市场行销，立即打开了销路。又一个 5 年过后，竟挤垮了 178 家瑞士钟表厂。

1982 年，瑞士钟表的市场占有率猛跌到 9%，销售总额低于日本、中国香港而屈居第三位。1/3 钟表工厂倒闭，数以千计的小钟表公司宣告停业，一半以上的钟表工人痛苦地加入了失业队伍，整个瑞士钟表业陷入全面危机。

石英电子技术和石英电子表都是最新的技术。然而，瑞士表的生产厂家不想创新，不思进取。最终无视创新的存在就必然付出沉重的代价。

一位资深的企业管理咨询专家说过："现状每时每刻都在成为历史，正如时光每时每刻都在逝去一样，你永远不可能将某一现状固定在那里，让你得以舒心地睡大觉。很多做老板的都忽视了这一常识。而且，中国第一代老板的看家本领都不高，如同程咬金的三板斧功夫。三板斧有用吗？第一次交手有用。在第一次交手中它可能让对手摸不着门，但第二次、第三次交手，对手可能摸清了门路，要打败对手也就难了。生存天地间，企业的变化至少应该比环境变化快半拍，每次交手都摆出新招式，取胜的可能性就会大大提高。"

可见，创新是我们这个时代的口号，当代企业唯有不断创新，才能在竞争中脱颖而出，才能取得更大的发展。

海尔集团 CEO 张瑞敏坚持"每个人都是创新的 SBU（战略事业单位）"。正是因为有这样的创新理念，才有了海尔有效的技术改革、快速的产品更新、全员的客户服务意识以及世界名牌"海尔"的诞生。同样的，当华为公司在经营状况一片大好时，任正非高呼"华为的冬天就要来了"，给安于成功的员工们以警示，树立了只有不断创新才能度过冬天、迎来春天的理念。可见唯有创新，才是企业立于不败之地的原动力。

与之相应的，许多公司之所以崩溃破产，就是因为这些企业缺乏创新意识。比如，曾经如日中天的美国彭尼公司，因为不能立足市场需求进行创新，最终被沃尔玛超越，丧失了零售业的霸主地位。还有曾经令人称羡的金融帝国德隆，因为没有依靠改革和创新建立起应对危机的完善体系，几乎在一瞬间轰然倒塌，它描绘的事业蓝图也顷刻间化为乌有。

这些成功和失败的企业案例告诫企业家：这是个优胜劣汰的世界，无论多么优秀的企业，只要它停止创新，离死亡就只有一步之遥；无论多么大型的企业，只要它缺乏创新，就会走向衰竭。没有创新的企业，必将不能持久；没有创新思维的企业家，只能遭受淘汰的命运。因为缺乏创新，所以缺乏构想；因为缺乏构想，所以缺乏产品；因为缺乏产品，所以缺乏顾客；因为缺乏顾客，所以缺乏生意；因为缺乏生意，所以缺乏利润，如此恶性循环下去，公司最终自取灭亡。

穷则变，变则通

自 20 世纪 80 年代开始，台塑集团一直是台湾化工行业的龙头老大。当然，它也有不景气的时候。据《天下》杂志报道，台塑集团在 1992 年的营业额，除了南亚地区勉强保持 1991 年的水准外，台塑分公司下降了 2.25 个百分点，台化分公司下降了 1.28 个百分点。而且由于石化行业不景气，全世界的 PVC 造粒产量过剩，导致台塑美国厂亏损。这时的台塑陷入事业的低谷。

除了应对经济环境的变化而产生的不利情形外，台塑集团创办人王永庆还必须面对企业文化、环境及企业家庭化所带来的种种问题和挑战。然而，即使处在恶劣的环境及纷繁复杂的条件下，王永庆仍不忘坚持自我革新，寻找新的出路。

1984 年，台塑集团正式介入资讯电子行业，这无论是对台塑还是王永庆，都是一个很大的挑战。从石化行业到资讯电子业，无论是产品的特性、经营理念以及客户的要求等方面都会发生极大的变化。王永庆所擅长的石化行业，产品单纯，附加值较低，为取得竞争优势，必须不断地改进制造工艺、降低成本，并靠大规模的生产来形成规模效应。与之相比，电子行业则是一个产品复杂、附加值较高，必须不断地依赖创新才能取胜的高技术行业，且竞争激烈，充满了变数。但是他依然执着地接受了这个挑战。

穷则变，变则通，创新是一种观念。只有树立了创新的观念，才能在发展中日益出新，持续创新。摩托罗拉公司对这一点进行了很好的诠释。

1928 年，保罗和约瑟夫从芝加哥一家倒闭的蓄电池公司购买了整流器业务，创立了摩托罗拉公司的前身高尔文制造公司。回顾摩托罗拉的发展历程，我们会惊奇地发现：从生产出第一台汽车收音机到进入家庭收音机领域，再到寻呼机的面世，一直到后来成为世界无线通信业的巨头。它的秘密何在呢？

秘密就在于摩托罗拉的"三新"法宝：不断地创造新产品、开辟新领域、占领新市场。是创新造就了摩托罗拉，它也向世人证明了一点：企业只有树立创新观念并不断地创新才能保持长久的生命力。

现代的竞争拼的是一种理念，21 世纪是观念的世纪。谁改变了观念，谁就是赢家；不改变观念，就面临灭亡。只要确立了重视创新的观念，我们就等于迈出了创新的步伐，有了创新，成功便不再遥远。

第三节　创新需要持之以恒

创新不是一次单一的行为，而是由易而难的持续过程。即使是由意外事件引发的创新也需要持续改进。可以说，创新只有开始，没有终结。

创新是无止境的

创新并不是一时的想法，它是永无极限的，创新是推动社会生产力不断前进的法宝，是民族发展的不竭动力。在乔布斯的思维里，创新也是源源不断、没有尽头的。无论是受到非议的时候，还是忍痛离开亲手创办的苹果的时候，他都没有停下创新的脚步。在乔布斯看来，创新是永无止境的，不能做出让步。

1972年，IBM、通用汽车与西尔斯在《幸福》杂志500强企业排名中分列第一、第四和第六位。1983年，它们被排在国家最受推崇的企业名单之中。然而到1992年，这几家企业都处于苦苦挣扎之中，没有一家排在《幸福》杂志500强企业的前20位。仅1992年，它们便合计损失了324亿美元。1900年美国排名前25位的工业企业中，只有两家直至1992年仍保持在前25位中。在短短的20年之间，各大企业居然会有这么大的起落。这些公司的经营者也曾为公司效益的增长付出过极大的心力，但究竟是什么原因使这些大企业失去了竞争的优势走向下坡路的呢？

经过了解我们会发现，他们的失败大多是因为墨守成规、不懂创新。这些前车之鉴告诉我们，如果不创新，成功便会如流星般一闪即逝，也会像包袱一样，导致我们在自满中失去成功的能力，最终走向灭亡。

创新是由易而难的一个持续的过程。即使是由意外事件引发的创新，也需要持续改进。可以说，创新只有开始，没有终结，它需要持之以恒。

早在19世纪初，人们从海员对讲听筒中受到启发，发明了一种耳朵喇叭，又称"角状助听器"，就是在一根中空管顶端装上一个喇叭状的开口，但是这种装备使用非常不方便，只能提高10分贝~20分贝的音量。

1869 年，贝尔发明了世界上第一台电子助听器，进一步提高了分贝。但由于其体积大，只能放在桌子上使用。

到了 1901 年，赫切恩森制作出了一枚能够随身携带的电子助听器。英国女王维多利亚使用后，赐予他一枚奖章。但是这种助听器仍存在比较大的缺点。使用起来非常耗电，而且成本高昂。

1947 年 12 月，美国贝尔实验室发明了晶体管，推动了助听器技术的进步。

1953 年，美国微音电子等几家公司推出了晶体管助听器，这种助听器使用起来更加方便，只需用夹子挂在头发上即可。后来，电池体积改小了，助听器便能挂在耳朵上使用了。

1955 年 6 月，美国达尔伯格公司推出了世界上第一台耳内助听器。

直到现在，助听器仍不断往微型化、智能化改进。

在这个科技不断发展的年代，再优秀的技术都可以在很短的时间内被竞争对手学会，从而使企业丧失原有的优势。如果想要保持企业的竞争优势，就不能停下创新的步伐，只能精益求精，持续创新。

越来越多的例子告诉我们，无论技术开发得多么先进，顶多只能带来短暂的优势。而且，这种优势的消失速度会一天比一天快，因为竞争对手只要花很短的时间就可以学会。那么，当今的企业该怎么办？答案只有持续创新。

创新不是一个点，而是一条路。一次创新只能带来一次的进步和成功，但企业若以此次成功为"老本"，不思进取，那么结果将是很可怕的。因此只有在创新的路上一直走下去，才能将竞争对手远远地甩在身后。

对于企业来说，技术创新永远是生存必不可少的手段。追逐潮流的结果就是促进企业不断设计、生产出符合市场需求的新产品。企业本身能否持续不断地进行技术创新、产品创新，开发出适合市场需求的新产品，成为决定该企业能否实现更广阔发展的重要问题。尤其是在科学技术发展日新月异、产品更新换代日益加速的新经济时代，企业产品面临的挑战更加严峻，不及时更新产品就可能导致企业退出竞争的舞台。

持之以恒地去创新

创新需要持之以恒。在经营企业的过程中，取得一两次创新的成功，多数企业家似乎都能做到。但是，要持续不断地进行创新，并取得持续不断的创新成功，大多数企业家则难以做到。

要想持续创新确实是有一定难度的，就连曾经开创汽车工业生产先河的亨利·福特也未能持续交出好的答卷。1908 年 10 月，在亨利·福特的主持下，福特公司推出了举世闻名的 T 型车，如此一举开创了汽车时代和福特公司的新纪元。这是一项巨大的企业创新成果，福特将汽车这个有钱人的奢侈品变成普通人都能买得起的消费品，因为每辆汽车只有几百美元。1921 年，T 型车的产量占世界汽车总产量的 56.6％，T 型车的最终产量超过了 1500 万辆。亨利·福特通过创新所取得的成就可谓空前绝后。但后来福特先生拒绝再创新，他不但只生产单一的 T 型车，甚至连颜色也规定只能是黑色。后来他终于由引领世界汽车工业创新的先驱而蜕变成冥顽不化的守旧分子。1927 年福特公司被迫停产，而在今天看来，没有倒闭已经是他的幸运了。

每个企业都必须适时而有效地进行创新。而且，在不同的市场环境下，企业要进行不同的创新；即便在同一市场环境下，不同行业的企业也要进行不同的创新。所以，创新既是所有企业的共性，也包含企业各自创新的个性，毕竟适合自己的才是最好的。

人总是有惰性或者侥幸心理，当一次创新获得预期成效时，人们总是希望它永远灵验，从而阻碍或制止创新活动的持续进行。一些企业家之所以愿意自觉地进行创新，并不是为了追求更新的价值而创新，而是为了享受原有创新的成果。一旦有了创新的成果可供享受，他们就会不再创新。

　　1994年，秦池酒厂通过夺取"央视标王"取得产品销售的突破性增长，给当时秦池酒厂的厂长姬长孔带来了极大的荣誉，一个原本寂寂无闻的小酒厂的厂长，一夜之间成为全国知名的明星企业家。创新的成功，速度之快，热度之高，让人始料不及，姬长孔对此很是享受。他压根儿就没想到，产品营销创新的成功，仅仅是企业经营中一个环节的成功，紧接着必须进行产品生产的创新，否则拿什么去销售？但是，姬长孔一直沉浸在营销创新成功的喜悦之中，在产品创新方面无动于衷。特别是当外界对秦池酒厂收购川酒、用勾兑法制酒提出质疑时，秦池酒厂更是没有以创新的方式进行应对。最终因为产品的生产无法满足销售的需要，而使营销创新变得毫无意义。在重归落寞之后，姬长孔对夺得"央视标王"也有了新的认识。

　　"央视标王"这种创新的广告方式，在进入秦池之后，使公司产品销量激增，秦池酒厂一夜之间成为白酒销量的大户。可见，这种创新的广告方式极大地推动了秦池企业的发展。但是，"央视标王"只是帮助企业打开了市场，并不能解决企业发展的其他问题。秦池酒厂在产品销量激增的情况下，不知如何有效地提高产品的生产能力和产品质量，导致了最终的失败。

　　假如当年的秦池酒厂在夺得"央视标王"之后，紧接着很好地解决了酒的生产速度和品质问题，说不定秦池今天已经是雄霸中国酒业的大佬了。然而事实没有假如，因为创新靠的不是假说，而是实践。

　　中国企业数十年的创新发展过程证明，对于一个企业家来说，在经营企业的过程中，取得一两次创新的成功似乎不难做到。但是，企业家更应该知道，只有持续不断地进行创新，并取得持续不断的创新成功，企业才能基业长青。

第四节　换个角度思考问题

人们之所以不能创新或不敢创新，常常是因为我们从惯性思维出发，忽略了很多不平常的事物。而一旦把同一问题换一个角度来考虑，就会发现很多新的机会，从而创造新的成功。

给自己一双创新的慧眼

20世纪50年代，日本有位名叫安藤的年轻人，在他下班等公车的地方，总有很多人排着长长的队伍等着吃面条。于是他就想：日本人这么喜欢吃面条，要是有一种面方便携带，只需要用开水一冲就能吃，那该多好啊！

有了这个想法后，他很快就买回来一台轧面机开始实验，朋友们得知他在家研制"开水一冲就可以吃的面条"，都笑着劝他说："你不要异想天开了，日本人吃了几千年的面条，从来没有人想过要制作开水一冲就能吃的面条，你就不要浪费时间和钱财了。"

安藤不为所动，他始终坚持着试验。在多次试验之后，他细心地发现首先面条煮熟后晒干，然后再将晾干的面条放在油里炸熟，这样用开水一冲，面条就能吃了。

1958年8月，安腾推出了第一批"鸡肉方便面"，因为它食用方便而且味道不错，受到了很多上班族的欢迎。在短短的8个月里，安腾研制的方便面就卖出了1300万份。后来，方便面受到了世界人民的欢迎。到 2003 年，全世界方便面销量达到了 632 亿份，创造了饮食界的神话。

有时候创新并不是一件难以办到的事情，在我们的生活中常常蕴含着创新的时机，但它们又常常隐藏于生活的表象之下。这时，需要我们给自己一双创新的慧眼，于平常中发现不平常，对这种不平常加以探索就是创新。

生活中会有各种各样的事情发生，这些事情有时表现得很偶然，甚至有些反常。其实，这些偶然事件并没有过多神秘之处，如果你能够细心观察，耐心思考，参透其中的原因，也许就把握住了一个创新的机会。

创新来源于生活，我们现在使用的许多东西，当初发明它们的灵感就源于生活中很平常的事情。

鲁克是加拿大一家公司的普通职员。一天，他不小心碰翻了一个瓶子，瓶子里装的液体浸湿了桌上一份正待复印的重要文件。鲁克很着急，心想这下可闯祸了，文件上的字可能看不清了。

他赶紧抓起文件来仔细察看，令他感到奇怪的是，文件上被液体浸染的部分，其字迹依然清晰可见。当他拿去复印时，又一个意外情况出现了，复印出来的文件，被液体污染后很清晰的那部分竟变成了一团黑斑，这又使他转喜为忧。为了消除文件上的黑斑，他绞尽脑汁，一筹莫展。

突然，他头脑中冒出一个针对"液体"与"黑斑"倒过来想的念头。自从复印机发明以来，人们不是为文件被盗印而大伤脑筋吗？为什么不以这种"液体"为基础，化其不利为有利，研制一种能防止盗印的特殊液体呢？

鲁克利用这种逆向思维，经过长时间的艰苦努力，最终把这种产品研制成功。但他最后推向市场的不是液体，而是一种深红的防影印纸，并且销路很好。

鲁克从一件生活中看似平常的事，联想到文件保密工作中的防止盗印，由此开发了防影印纸。不能不说他抓住了一个创新的良机。

有时候正是因为人们"求稳"的心态，导致人们不敢去冒险，不敢创新。假如一个人有100%的机会赢50块钱，而另一个人有80%的机会赢100块钱，但是有20%的可能什么都得不到。在这种情况下，这个人会选择最保险安稳的方式选择50块钱而不愿冒一点险去赢那100块钱。可如果换一面来设定这个问题，一个人有100%的可能输掉50块钱或有80%的可能输掉100块钱，但是也有20%的机会什么都不输。这个时候，人们都会选择后者，赌一下，说不定什么都不输。

有发现就有创新

安于现状，害怕失败，这就是不能创新或不敢创新的原因。常常是因为我们从惯性思维出发，忽略掉很多不平常的事物。其实只要我们换一个角度考虑，就会发现很多新的机会，创造新的成功。几乎全世界出售的儿童玩具都以漂亮、可爱为设计制作标准。玩具，肯定要让人赏心悦目，有人会玩面目可憎的玩具吗？但是在美国，有一个玩具商却打破这一规则，生产出一些丑陋的玩具，结果大获成功。原来，有一次，这位玩具商看到有几个小孩正在津津有味地玩一只奇丑无比的昆虫，"原来小孩并不是只喜欢漂亮的玩意"，他喃喃地说。经过专门设计，他的丑陋玩具一经推出，立刻在市场上独占鳌头。

由此可见，在面对问题时，不能只从平常的直观角度去思考，要不断发挥自己智慧的潜力，从不平常的方面寻找解决问题的办法，就会出现新的契机。

苏东坡有诗云："横看成岭侧成峰，远近高低各不同。不识庐山真面目，只缘身在此山中。"欣赏庐山不同的角度会有不同的美感，观庐山如此，看待生活中的平常事物也应该从不同的角度去揣摩，这样才能发现别人发现不了的创意。

有一个聋哑人来到五金店买钉子，他对着售货员做了这样一个手势：左手两个指头立在柜台上，右手握着拳头做出敲击的样子。售货员见状，立刻给他拿来一把锤子；聋哑人摇摇头，右手指了指左手立着的那两根指头。售货员一看立刻明白了原来聋哑人是想买钉子，于是就给他拿来了钉子。聋哑人买完钉子，满意地走出了五金店。这时候，来了一个盲人，他想要买一把剪刀。

请问：盲人应该怎样做才能让售货员立刻明白自己要买剪刀呢？如果你伸出食指和中指，做出剪刀的形状，那么你的答案就错了。盲人想买剪刀，只需要开口说"我买剪刀"就行了，根本不需要麻烦地做任何手势。这是一道智力题，前面的条件都是迷惑人的。很多人就这样上当了。

还有一则类似的故事：1980年，当古兹维塔接掌可口可乐执行官时，他面对的是与百事可乐的激烈竞争，可口可乐的市场正被它蚕食掉。古兹维塔手下的那些管理者把焦点全集中在百事可乐身上，一心一意只想着一次增长0.1%的市场占有率。古兹维塔决定停止与百事可乐的竞争，改为与其他公司竞争。

他问下属：美国人一天的平均液态食品消耗量为多少？

答案是14盎司。

可口可乐在其中有多少？

答案是两盎司。

古兹维塔说，可口可乐需要加大市场占有率，我们的竞争对象不是百事可乐，是要占掉市场剩余12盎司的水、茶、咖啡、牛奶及果汁。当大家想要喝一点什么时，应该是去找可口可乐。

为此，可口可乐在每一街头摆上贩卖机，销售量因此节节上升。

有发现就会有创新，如果一味地习惯固定的思考模式，使生活、工作形成机械化的程序，结果只能使你的生活失去活力。越因循守旧，人的个性也就会越萎缩，从而逐渐失去创新的想法和动力，使人们成为受习惯支配的机器。所以说，我们要多运用换位思维，走出固有的思维框架，放飞思想，换个角度来看待身边的事物。

一家规模不大的建筑公司为一栋新楼安装电线。当时，他们要把电线穿过一根10米长但直径却只有3厘米的管道，而且管道砌在砖石里，并且弯了4个弯。这使非常有经验的老工程师都感到束手无策，因为用常规的方法很难完成任务。最后，一位刚刚参加工作不久的青年工人想出了一个非常新颖的主意：他到市场上买来两只小白鼠，一公一母。然后，他把一根电线绑在公老鼠身上，并把它放在管子的一端，另一名工作人员则把那只母老鼠放到管子的另一端，并轻轻地捏它，让它发出吱吱的叫声。公老鼠听到母老鼠的叫声后，便沿着管子跑去找它。它沿着管子跑，身后的那根电线也被拽着跑。这样，工人们很容易地就把电线的一端和另一处的电线连在一起了。穿电线的难题也顺利解决。

这个故事告诉我们，如果你总是用定势思维来面对所有问题，那么面对特殊、复杂问题的时候，你就无从下手。而换个角度思考问题，也许就会柳暗花明，豁然开朗。

庄子曾经讲过一个有关葫芦的哲理故事。从前有个农民以种葫芦为生。有一次，他种出了一个硕大无比的葫芦。农民看着这个葫芦犯起了愁：一般的葫芦长熟之后摘下来，可以用来装酒水之类，或是对半劈开作为舀水的瓢。可是这个葫芦那么大，根本不适合装酒水，更不可能做成瓢舀水，因为没有与其相当的水缸。

于是庄子开导那个农民说："你只知将其用来装水，而不知将其置于水中，用它做船岂不是物尽其用？"农民听后茅塞顿开，于是将葫芦做成了船，从此以渡人过河为生。

答案是丰富多彩的，正确答案不止一个。当我们看待问题的时候，换不同的角度想，那就会形成无数个答案。作家罗伽·费·因格曾说："在数学题中，正确答案也许只有一个，但在生活中并非如此。"所以说，生活中大部分事物并不像某种数学问题那样严谨，生活中解决问题的方法并非只有一个，而是多种多样。因此，不要满足于一个答案，不放弃探求，这一点对任何领域都非常重要，而且也有利于培养自己的创新思维。

角度不同，所得到的答案也会不一样。换个想法就能够产生财富，我们需要大胆放开头脑，多思考一下，从不同的方面来考虑问题，这样就会发现新的办法，新的途径，就能够使我们的生活由单一而变得丰富。

第五节　创造力的关键是跨界整合力

成功的企业家大都具有很强的整合创新能力。他们思维开阔，思考问题的角度独特，能够把截然对立的两种观点和模式有机地统一起来。

创新要善于整合应用

在一台电脑中，个人计算机使用者以非文字指令输入的方式与电脑互动；电脑的点阵影像图，可以把文字和影像合并起来；还有一个一点即成的名为"鼠标"的神奇设备配合使用。同时这台电脑具有网络连接器、简单便捷的弹出菜单、移动窗口等。可以说，Alto 已经为现代个人计算机构造了基本雏形。这无疑是一项革命性的伟大创造。

也许大家不知道，起初这台人们闻所未闻的伟大设备，在施乐公司的实验室中已经坐了很长时间的冷板凳，甚至被忽视和遗忘。Alto 已经问世 6 年，可是施乐公司所有人并没有看到它潜在的巨大商业价值。最终，施乐公司并没有成为这些伟大技术的最大受益者，也没能统治整个电脑行业。因为当时施乐为防止复印机、打印机等核心业务受到冲击，他们并没有将更多精力投放在计算机新技术的研究上。

这也从另一个角度证明了，乔布斯是"识货"的人。他很快就发现了 Alto 的商业价值，这正是他想要的东西。就像乔布斯在后来接受媒体采访时所说的："在电脑行业，他们（施乐公司）从这一最了不起的成功发明中收获的只是失败。施乐公司本来有可能拥有如今整个电脑行业。""当时我认为，那是我一辈子见过的最优秀的作品，10 分钟之内，我就清楚地认识到，将来所有的电脑都将是这样运行的。"乔布斯锐利的眼光和明智的头脑可见一般。

当时在参观的过程中，乔布斯还兴奋地喊道："你们为什么不拿这个做点儿什么？这些东西太棒了，它将是革命性的。"参观回来后，乔布斯立刻将从施乐公司看到的鼠标、图形界面、局域网络、文件服务器等新技术用到了苹果系列的个人计算机中。他不是简单的模仿，而是加入自己的新创造，乔布斯善于拿别人的东西为己所用。

比如个人计算机上均有 USB 接口技术，这个技术是美国英特尔公司发明的。但是却是苹果公司首先把它应用到了个人计算机上，使得这一技术得以广泛推广。同时，WiFi无线网络也不是苹果发明的。WiFi无线网络是美国朗讯公司开发的，但它就像当初施乐公司的Alto一样遭到了冷遇，并没有被过多关注。直到后来，苹果将这一技术用在笔记本电脑中，它才广为人知。这一新技术的应用，使苹果开启了笔记本无线上网的新时代。也许乔布斯注定是一个将新技术发扬光大的人。

由这些例子我们可以知道，创新的技术并不一定能生产出最终的技术产品，许多大公司投入巨资进行研发，并非就能生产出商业化的产品。因为他们看不到新产品的深层价值。

乔布斯被采访时说："创新就是把各种事物整合到一起。当你问有创意的人是如何创新的，他们可能会感到一丝负罪感，因为他们根本就没有创造什么。他们只是看到了一些联系。他们总能一眼就看出各种事物之间的联系，因为他们习惯于将他们的各种经验联系起来，然后整合形成新的东西。他们之所以能够做到这一点，是因为他们具有比别人更加丰富的经验，或者他们对自己的经验思考得更多。"创新，不只是创造，还要善于整合应用。

1956年，福特公司推出了一款式样、功能都很好，价钱也合理的车。但这款车却销路平平，和设想的情况完全相反。公司上下非常着急，怎么也找不到合适的销售办法。见习工程师李·亚科卡是刚刚毕业不久的大学生，看到公司上下为打开这款车的市场一筹莫展，也试着思考用什么办法可以解决这个难题。通过观察，他发现市场上不少顾客想买车，但是由于手中没有足够的积蓄，只能暂缓购车计划。亚科卡想，如果这一问题能够突破，将会吸引一大批消费者，这样汽车销售量必定会大增。

经过周密考证，亚科卡提出了一个"花56元买一辆56型福特汽车"的推销方案。根据这个方案，凡是购买56型福特汽车的顾客，首次付款时只要付出售价20%的现金，其余部分按每月缴付56美元，3年付清即可。"花56元买56型"的广告口号一下子抓住了消费者的心。人们认为这是个大好时机，觉得购买56型福特汽车实在是太划算了。福特汽车在该地区的销售量大增，新方案推出仅3个月，该销售网点就跃居福特公司全国销售网的第一位。随后，公司把这一推销方法推广到各个销售网点，当年增销汽车7.5万辆。

由上面的事例我们可以看出，福特汽车的营销创新并没有通过投入大量资源来实现，它几乎是零成本的，但是它带来的收益和影响是巨大的。通过整合已有的资源，即产品、顾客和市场，将它们联系起来，以全新的形象反映出来，这就是创新。

增强自身的整合能力

类似乔布斯等一些成功的企业家大都具有很强的整合创新能力。他们思维开阔，思考问题的角度独特，能够把截然对立的两种观点和模式有机地统一起来。在碰到两者出现矛盾的情况时，他们不是简单地进行非此即彼的取舍，而是另辟蹊径，提出一个新思路：既包含了原来两种观点的内容，又比原来两种观点胜出一筹，这就是整合创新。整合创新是一种更高明的创造手段。

有一家企业设计出一种可以吃的"象棋子"。这种产品的背后无疑是一种整合创新能力。中国人下象棋，"吃"掉对方的棋子，只是把对方的子从棋盘上拿下来，并没有真正吃进自己的肚子里。有一种用饴糖做的象棋子，就真的可以把对方的棋子放在嘴里吃掉了。

　　饴糖本是很一般的产品，但有人将其设计成了"象棋子"，并附上一张棋盘纸，这个产品一下子便畅销起来。

　　千百年来，饴糖就是饴糖，象棋子就是象棋子，二者毫不相干。然而，把饴糖做成象棋子，就把原来不能吃的象棋子变成了又甜又香的糖果了。这里采用的就是 A 加 B 等于 AB 的嫁接法。买这个产品的都是一些单位，在组织职工旅游时两人发一袋。下棋时吃掉对方的棋子，假戏真唱，使人情趣大增。不仅享受饴糖的香甜，更享受到吃掉对方棋子时的快乐。

　　有时候人对食品的要求，除了满足味觉之外，还要满足"感觉"。只具备物质功能的产品不过是一种物品。如果从中渗透进某种情趣，就发生了质的变化，使消费者获得一种全新的体验。这样既实用又给人以快乐，这样的产品怎能不受欢迎？这也是一种物理和精神的整合，是一种整合创新。这种整合创新能力甚至可以变废为宝，化腐朽为神奇。

　　很多企业也都会强调整合资源，加以利用。日本企业在整合方面做得非常优秀。在技术与市场结合上，他们充分利用自己的技术优势，不断开发新的产品领域，不仅使技术资源得到重复高效的利用，也大大降低了新产品的研制成本，还加快了产品的更新速度。

　　如大家熟悉的佳能公司，它就是利用其在光学技术方面的专长，不仅开发出照相机市场，也涉及眼科检测器、半导体生产设备、便携式摄影机等多种产品领域。同样的，夏普公司也是依靠其在液晶显示方面的专长，成功开发出计算器、微型电视机、大屏幕投影电视和便携式电脑市场。正如哈梅尔在《竞争大未来》一书中所说："如果说日本公司的发明能力，在过去几年中远远赶不上一些西方竞争对手，日本的吸收和整合能力，却可以弥补这方面的不足且绰绰有余。"

　　可以这么说，企业对资源的整合能力越强，资源的转换速度就越快，资源利用效率就越高，资源所创造出的价值也就越大。对资源的整合过程实际上就是一个再创造的过程。

做一个整合者，可以事半功倍

任何一个行业都离不开对资源的开发、组织、配置和利用。企业的成长过程实际上也是对资源的开发、组织、配置和利用的过程。可以说，把散乱无序的资源有序地组合起来，让它们发挥整体的效能，就叫资源整合。对资源的开发、组织、配置和利用的能力就叫资源整合力。资源无处不在，资源无处不有。有人说资源在于创造，但是资源更在于发现、挖掘，更在于利用。

商界有一句话说：能投资 10 万赚 10 万的叫平商，能投资 5 万赚 10 万的叫能商，能投资 1000 块赚 10 万的叫精商。那么怎样才能成为一个精商呢？这就需要有高超的资源整合能力。资源是广博的，它无处不在，无处不有，关键在于我们怎样凭借自己的敏锐眼光、利用自己的管理组织能力以及广阔的人际关系网将资源进行有效的整合。

评价一个企业，不一定看企业占有多少资源，最主要是看企业整合资源的能力。一家公司不可能把所有的原创性知识全部掌握，但是只要通过联盟调动产业资源，做一个整合者，就可以事半功倍了。

在日本鹿儿岛一家颇具规模的观光饭店旁，有一座光秃秃的山。饭店老板一直想要种花植树，改善环境，以利招揽客人。但是苦于工人难雇，且工资又高，因此总是无法实施绿化计划。才智过人的老板经过苦苦盘算，终于设计了一个高招，刊出了一则广告：亲爱的旅客，您如有意留下永久性纪念，请在我们山上种植一株新婚或者旅游纪念树吧！我们将专门为您挂牌纪念。

平时为生活奔波的都市人，对于绿化和花木特别喜爱。于是，前来投宿的旅客，特别是新婚夫妇纷纷上山栽种纪念树，还有不少人专程前来植树。仅一年光景，光秃秃的山变得绿树成荫，鸟语花香。这个饭店不但没花钱，而且还收到了"纪念植树费"1000多万元，扣除花树种苗费后还净赚600多万元。更重要的是，这一做法还大大提高了饭店的知名度，从而带来很多其他好处，真是一举多得。

它的成功正是因为挖掘、利用了人们的潜在需求，以满足人们的兴趣为结合点，有效地整合了现有的物质资源和潜在的社会人力资源，为自己的创业服务。可见整合与利用资源是多么重要。

整合资源的能力是所有成功企业最重要的核心能力之一。一家企业能够在多大的范围、多高的层次、多强的密度上组织资源，决定了企业的价值创造能力和发展边界。资源整合能力虽然看不见、摸不着，却是把闲置资源变现成商业价值并为己所用的智慧和办法，它能给企业输送能量，为企业创造巨大的价值。

这里有一个流行很广的关于整合资源的故事：

一个农民对儿子说：我想给你找个媳妇。

儿子说：可我愿意自己找！

农民说：这个女孩子是首富的女儿！

儿子说：这样啊，行！

然后农民找到首富说：我给你女儿找了一个老公。

首富说：不行，我女儿还小！

农民说：可这个小伙子是世界银行的副总裁！

首富说：这样啊，行！

最后，农民找到世界银行的总裁说：我给你推荐一个副总裁！

总裁说：我有太多副总裁了，多余了！

农民说：可这个小伙子是首富的女婿！

总裁说：这样啊，行！

　　这个故事有些"投机取巧"，但这就是最形象的整合资源。一个农民的儿子瞬间变成了首富的女婿和世界银行的副总裁。其实有时候整合资源真的能改变我们的生活。在现实经济世界中，每个人、每个企业都拥有一定的资源，而资源是大家的、是共享的，就看你会不会挖掘和利用。如果能够为我所用，你就会得到更大的益处。

　　整合资源本身就是一种创新活动，需要突破、颠覆和借鉴。整合不仅是能力，更是智慧。整合资源必须大胆突破各种观念束缚，勇于打破一切传统的思维和模式，巧妙借鉴、融合其他产品或行业的资源、技术、思想、模式和方法，为我所用，实现多赢，从而在竞争中处于优势地位。

第六节　拿自己的优点去创新

　　要做自己擅长的事情，不要做自己不熟悉的东西。要做比较有把握的事情，但要敢担风险，因为这样的风险是你能承担的。

做自己擅长的事

　　人们常常为了弥补自己的劣势而费尽心机，而对自己的优势却视而不见，最终陷入这样一种困境：劣势仍旧是劣势，优势也不再成为优势。那我们为什么不深入挖掘自己的优势呢？做自己最擅长的工作，将优势发挥到极致，就可以成为最棒的。要记得，拿自己的优势去创新。

　　也许有些人过于听信"木桶理论"，选择弥补劣势，企图做到各方面均衡发展，但当他投入了人力、物力后，才发现劣势经过弥补也无济于事，将目光局限在劣势上，会阻碍自身的发展。更多的成功者是选择发挥自己的优势。管理学大师德鲁克也在一直强调发挥优势胜于弥补劣势。一个人要想成功，就必须集中经营焦点，把所有精力投放在最有希望成功的事业上。

企业开拓市场要懂得焦点策略，即只需要注意三个方面：聚焦你最擅长做的事，聚焦你的 VIP 客户，聚焦你的高利润市场。

反过来说就是，你必须放弃你不擅长的事情，必须放弃你的劣质客户，必须放弃你的低利润市场。麦当劳便有运用"焦点策略"很成功的案例，它把焦点只放在 25 项产品上，试问，中国哪家餐厅只有区区 25 个菜？又有几家餐厅能有麦当劳的规模？有哪家餐厅能有麦当劳的利润？按照常人的思维，人人都贪多贪广，永远想一切都自己来做，如果那样的话麦当劳就不可能有今天的规模。你什么都做，却可能什么都做不成，就是这个道理。

　　湾仔码头水饺在香港已是家喻户晓，在内地也很有名气，老板臧健和也因此被喻为"水饺皇后"，并被一家香港媒体评选为香港 25 名杰出女性之一。臧健和曾经说："创业时一定要有一个真正属于自己的好产品，一个能够赢得顾客口碑的产品，一个让顾客在你的小店里排队的产品。有了这样的拳头产品，你才有可能闯出更大的天空。"

　　20 世纪的最后 20 年，可谓是香港经济发展的黄金时期，炒楼炒股，沸沸扬扬，很多人都把目光盯在了楼盘股市。而这 20 年，也是臧健和从创业到成功的 20 年，可为什么在到处都是商机的香港，臧健和却一直紧抱着几元钱一袋饺子的小生意不肯放手呢？这正是臧健和的赚钱智慧之一：做能体现自己优点的事情。

　　做自己擅长的事情，是她自己在创业中的感悟。当房产股市风起云涌，一夜暴富者层出不穷时，臧健和也不是没想过在金融地产的财富之海中打捞一笔。那些年里，她也买过股票，但并没有赚到什么钱。炒房她也尝试过，但似乎比炒股更不在行。经过多次的尝试，臧健和渐渐地明白了，既然她会包饺子，就要把包饺子当成自己的终身事业，把它做好，并且自己也有信心、有能力把它做好。至于其他的，既然不是办不好就是不会办，而且还会因分心而影响到自己的生意，那就干脆不做，一心一意地包饺子。

因为包饺子是臧健和最擅长的事。臧健和最初生产的水饺是典型的北方包法，皮厚、味浓、馅咸、肥腻，后来她针对香港人的口味，不断地加以改变。最后，薄皮大馅、鲜美多汁的水饺终于得到了广大顾客的认同，那时候，每天都会有数十位顾客排队等着在她设在湾仔码头的摊档前吃水饺。臧健和说："要做自己擅长的事情，不要做自己不熟悉的东西。要做比较有把握的事情，但要敢担风险，因为这样的风险是你能承担的。"这个道理也是值得我们借鉴的。

要有自己的特长或核心技术

对一个企业来说，有多少资本并不是最重要的，重要的是一定要有自己的特长或者核心技术。挖一口完全属于自己的井，努力提高自己的实力。

在美国《时代周刊》所评选出的 2005 年度"全球最具有影响力的100人"中，华为公司总裁任正非作为唯一的中国人选荣登榜位。在当时，一个成立不到 20 年的民营企业，在如此短的时间内一跃成为世界级企业，并且一举成为中国市场上最具有竞争力的企业，人们不禁要问其成功的秘诀是什么？答案是华为公司具有战略思考力和自主知识产权创新力，它有自己核心的东西。

华为公司成立于 1987 年，注册资金为 2.1 万元，当时是由企业员工持股的小型民营企业。现在它主要从事通信网络技术与产品生产，也是国内电信市场的主要供应商之一。

早在 20 世纪 90 年代初，华为为了取得市场上的技术优势，几乎把多年积累的利润全部投入在研究小型交换机上，以形成局部突破。当时华为面临着两个选择：一是依靠已取得的第一代交换机的市场优势坐享其成，致力于扩大市场份额；二是投入房地产行业，因为当时正值房地产业市场非常好的时期，只要投入就能赚钱。然而，华为却把目光瞄向更远的目标，他们选择另外一条风险性大，但有发展前景的道路。他们把精力投入到研究大容量数字程序交换机开发上，并将所扩大的利润又全部投入于交换机的升级换代产品研究之中。

正是这种具有远见卓识的战略思考力和在自主知识产权上的长期巨额投入，使华为在最短的时间内拥有了全球最先进的核心技术，跻身于海外的高端产品市场，并获取了年销售收入 50 亿美元的丰硕回报。

除此之外，我国羊绒业的领头羊鄂尔多斯集团，就是依靠其独特的原料资源优势，从而形成企业核心竞争力。鄂尔多斯所选用的羊绒产自于著名的阿尔巴斯白绒羊，这种羊绒在西方国家很稀少，被世界羊绒界公认为品质最优的"中国第一号无毛绒"，在国际羊绒界流行一种说法："世界羊绒看内蒙古，内蒙古羊绒看鄂绒。"用这种羊绒制成的 KVSS 牌无毛羊绒具有手感柔和、洁白度高、细度及长度均优的特点。目前，其在国内市场占有率达到 35%，国际市场占有率达到 25%。

在做专、做精、做品牌方面，瑞士是世界的一面镜子。一块表，它们做了 200 多年，做出了令人艳羡的大品牌。一把小小的折叠刀，它们居然也做了 100 多年，做成了众人皆知的"瑞士军刀"。

瑞士最有亮点的产业是钟表业，瑞士钟表业领航全球的秘诀也许并非为一般人所了解。据有关数据显示，全球每年生产 12 亿～13 亿只手表，其中中国出口约 8.85 亿只，日本大概生产 5000 万只，瑞士差不多生产

3000 万只。尽管瑞士表在数量上不占优势，然而在产值上却独占鳌头。瑞士表成功的秘诀在于它有自己的技术，它以其精湛的设计、昂贵的手工艺领先于其他国家的现代化机械生产。虽然相对来说，生产规模小，但它们更专、更精，正是这份精度使他取得了成功。

以上这些例子告诉我们，企业成长的一条基本法则，就是把自己的技术优势发挥出来。

核心竞争力是企业的制胜法宝

1990 年，普拉哈拉德和哈莫在《哈佛商业评论》中首先提出了"核心竞争力"的概念。核心竞争力是指公司的主要能力，即让公司在竞争中处于优势地位的强项，是其他对手很难达到或者无法具备的一种能力。这种核心竞争力主要是关乎各种技术和对应组织之间的协调和配合，可以给企业带来长期竞争优势和巨额的利润。

IBM 在它 100 多年的发展史上并不是一帆风顺的，它不乏面临导致企业灭亡的生存危机，而每一次它都能"侥幸"生存下来并成为世界 500 强之一。是什么促成了它的成功呢？如果一定要说技术是它的核心竞争力，那也要加上"不断使顾客满意"的技术才可能成为它的核心竞争力，在技术的背后是企业的核心价值观在指导着，这些核心的东西就是比别人做得更好，更到位。

对于企业来说，核心竞争力使企业保持长期稳定的竞争优势，用自己的优点去求变，去创新。企业要发展，就必须重视自己最擅长、最出众的东西。

在产品的开发过程中，只有拥有过硬的技术，掌控绝对的话语权，才能控制产品的质量。苹果严密控制着各个技术环节，这让那些企图跟进或者模仿的人无从下手。苹果产品上运行的都是正版的程序，这自然会让产品性能更加稳定。而且，苹果只有两三种产品系列，大部分电脑硬件都一样，这自然会让其提供的软件产品更加可靠。但是，微软却要给成千上万个像戴尔那样的公司提供软件产品，微软的软件产品必须支持很多种不同的硬件平台。正是由于存在太多变量，这使微软的产品不可能具备像苹果一样的稳定性。就像专业人士分析的那样："完全开放的 Windows 成了病毒、木马、恶意软件的世界。如何避免这一情况？答案是像苹果一样封闭。"

假如说苹果电脑出了问题，只需要和苹果公司的客服联系，就可以及时得到解决。但是，如果使用"兼容厂商硬件＋微软软件"的电脑出了毛病，用户给戴尔的客服中心打电话，客服中心的人会把责任归咎于微软的软件；如果给微软公司打电话，微软会将责任推到硬件制造商身上。这样一来，用户肯定会产生更多的不满。

如今的用户越来越追求个人体验，人们希望在使用产品的时候得到愉悦的感受，而不仅仅像当初那样追求廉价的商品。正因为这样的需求变化，苹果的产品才会越来越受到欢迎。苹果正是利用自己的优势，抓住了客户的心理。

也许有些人并不了解自己的优势，很多企业也并不了解自己的核心优势。作为企业家和经理人，应该发现所在企业的竞争优势，改善那些劣势。任何成功的企业都是靠优势取得业绩，而不可能靠劣势获得发展。核心竞争力是企业的制胜法宝。因此，企业要想获得长远的发展，就必须拿自己的优势去创新，去创造价值。

第 4 章

建立自信——自信是奇迹产生的原因

每个人都有理想，有自己的奋斗目标并为之付出努力。怎样才能够开启人生的巅峰之门？乔布斯为我们树立了榜样。乔布斯的成功给那些彷徨的人提供借鉴，让还在犹豫的人警醒，抓住时间，不要总是把希望寄托于明天，明日复明日，唯有今日可以把握。坚信着心中的那份梦想，不离不弃，主宰自己的命运，做我们自己心中的乔布斯。

第一节 有自信才敢拼

自信，是人类运用和驾驭宙无穷大智的唯一途径，是所有'奇迹'的根基，是所有科学法则无法分析的玄妙神迹的发源地。

——拿破仑·希尔

自信者，事终成

成功是靠一点一滴积累起来的，每一阶段你都很成功，渐渐地积累，必将成就大的事业。乔布斯是成功的，也许很多人心里想着也许自己永远都不可能像他一样成功，于是先放弃了努力。其实积极乐观地做好一个平凡人也是一种成功。李白说过"天生我才必有用"，相信自己是那个"有用"的人，相信自己，这样我们才有走向成功的动力。

也许有人把拥有金钱当作成功，那么如果把赚到100万当作成功，你现在有没有成功？如果没有，那你会不会成功？可能答案谁也不知道。成功不在前方，它取决于你当下的努力，成功是一个慢慢靠近的过程。如果将成功定义为越走越近，那么我现在就很成功。

社会上因自信而取得成功的事太多了。为什么自信有如此大的威力？自信是一种信念，一种深信自己能达到目标的信念。有了这种信念你才会有动力。

乔布斯不是生下来就能创造神话的人。20岁时的他只是一位有独特想法的年轻人，但是自信让乔布斯从平凡人中脱颖而出。他20岁时创立苹果电脑公司，让苹果公司在10年内从一间车库里的小工厂，扩展成一家员工超过4000人，价值20亿美元的公司，他推出了一个很棒的产品——苹果电脑。没有人要他冒险去创立苹果公司，但他做到了，因为他在心中树立了成功的信心。

在公司日益壮大的同时，乔布斯与主要投资人之间产生了矛盾。他张扬和咄咄逼人的性格，最终促使董事会对他降职。乔布斯经过考虑后离开了苹果公司，他说："曾经是我整个生活重心的东西不见了，令我不知所措。"自信，也来自对前途的高瞻远瞩和未雨绸缪，才不会因日常的烦琐而忧心忡忡。渐渐地，乔布斯发现，他还是喜爱着他曾做过的事情，被"苹果"革职的事件丝毫没有改变他的兴趣，他决定从头做起。

离开苹果电脑公司之后，乔布斯并没有对自己失去信心，他创办了一家名为 NeXT 的电脑公司。1986 年，他以 1000 万美元的价格，从"星球大战之父"，也是美国电影"电脑特技之父"乔治·卢卡斯手中，买下了当时规模很小、很不景气的电脑动画制作工作室，成立了皮克斯公司。在等待和筹备了 10 年后，乔布斯期待的商机终于来到了：1995 年感恩节，皮克斯公司制作的 3D 电脑动画片——世界上第一部用电脑制作的动画电影——《玩具总动员》面世了。这部电影的横空出世不仅在市场上大获成功，也对传统的动画影片产生了革命性的影响。

就在皮克斯公司如日中天的同时，苹果电脑公司却在 IT 业激烈的市场竞争中江河日下，连换了几任总裁也不能挽回颓势。乔布斯的机会来了，他说他要让苹果电脑公司重拾辉煌，于是重新接管了"苹果"。

自信者拥有常人难以企及的魔力。在别人看来不可能，或连想都不敢想的事情，在自信者手中却一件件变成现实。乔布斯回到了"苹果"，NeXT 发展的技术也成了苹果电脑后来的技术核心。后来苹果电脑公司

又创造出音乐产业的革命性产品 iPod。无论是面对刚创业的自己、有了一点成就的自己、辉煌的自己、落寞的自己，他心中从来没有放弃自己。对于乔布斯来说，自信为他的成功奠定了基础。

自信是奇迹的根基

拿破仑说："自信，是人类运用和驾驭宇宙无穷大智的唯一途径，是所有'奇迹'的根基，是所有科学法则无法分析的玄妙神迹的发源地。"任何目标的达成都不会是一帆风顺的，要克服种种困难和挫折。如果没有了自信，那么困难和挫折就成了难以逾越的鸿沟。可以说，自信是通向成功的阶梯，有了自信才能够获得事业的成功和生活的幸福。

像乔布斯一样，意大利华人蒋孟冰的创业经验也只有两个字：自信。蒋孟冰在十八九岁时开始闯荡意大利。初来乍到，人生地不熟，语言又不通，他只能从在姐姐的餐馆做跑堂开始，先后开过餐馆、酒吧、小百货店。2004年9月，当看到周围移民不断涌入，华人对商用、投资、住房市场需求的急剧增加，他毅然卖掉了小百货店，成立了今日房地产公司。

开业伊始，他在华人区到处发广告，遍告亲戚朋友，对市场的乐观预测和创业的激情令他憧憬着开业大吉，生意兴隆……然而，由于缺乏专业知识和完善的服务，市场首先给他上了无情的一课：头一年生意只做成了一笔。亲友们出于好心劝他不要再开下去了，他也一度产生了怀疑和动摇，难道中国人就不能在含金量高的行业和意大利人分一杯羹吗？难道中国人只能做繁重、单调的体力活儿吗？看着大量的商机白白失去却抓不住，他不甘心就这样退出，一方面是为面子，更重要的是他不愿服输、不轻言败的性格使然。

"自信能给人一种神奇的力量，感谢当初的自信。"蒋孟冰说，"我从来都没放弃过自己，因为不论身处何地的我都不是一个悲观者，我有自信追求更大的成功。"

4年之后，他拥有了多名职员，办公室面积更大、位置更好，业务由原来以华人为主拓展为面向意大利人和各国移民，营业额逐年递增。自信，成就了他的"今日"，赋予了他独特的魅力，也给予了他丰富的人生体验。

人生舞台中的每个人都有自己的角色，有的人成了著名的科学家，有的人成了有钱的大老板，有的人成了默默无闻的清洁工，有的人成了乞丐……有的人虽然最初的时候穷困潦倒，但因为拥有坚定的信念，并且通过自己的努力最终走向了成功；而有的人却自甘堕落、自暴自弃，一生碌碌无为。

我们可以反观我们的自身，那些让你最幸福、最快乐的时刻，是不是都来自于奋斗拼搏的点滴？那些最平淡的日子里你默默坚持，那些黑暗的日子里眼睛中闪着理想的光。取得成功的那些人，他们对自己的未来很有信心，相信自己一定行；而另一部分人，则对自己能否取得成功没有信心，或者是安于现状，最后一事无成。

有句话说："回顾过去，那是你生命中一无所有的时刻，也是你生命中走得最快的时候，而成功就是这样越走越近。自信使人的潜力得到极大的调动和发挥，创造着一个又一个奇迹。"可见，自信的作用是巨大的。

自信是给自己心灵的一份依靠。一个人缺少了自信，就会像汪洋大海上飘浮的一片浮萍，无着无落，无依无靠。从这层意义上说，拥有了自信，就拥有了渡过海洋抵达宽阔彼岸的船。自信让你更有归属感和存在感，会让你的人生更有价值。

第二节　遵从自己的想法

最为重要的是，要有遵从你的内心和直觉的勇气，它们可能已经知道你潜意识里最想成为一个什么样的人，其他事物都是次要的。

——乔布斯

过自己喜欢的生活

如今的社会纷繁复杂，大多数人听不到自己内心的声音，或者这个声音太过微弱，被更强大的声音湮没。父母的愿望、生活的挫折、社会的压力都成为我们"随波逐流"的理由。而明明生命短暂，为什么不能过自己喜欢的生活呢？

曾经，乔布斯在斯坦福大学的演讲中这样说道："'记住你即将死去'是我一生中遇到的最重要的箴言，它是我在面临人生中重大抉择时最为重要的工具。因为所有的事情——外界的期望、尊荣、对尴尬和失败的惧怕——在面对死亡的时候，都将烟消云散，只留下最重要的东西。当即将死去，所有的一切都不再重要，没有理由不听从内心真正呼喊的声音。"

惠普前CEO卡莉·费奥瑞娜在最开始的时候从来没有想过她自己会进入商界。在上大学的时候，她选择的是斯坦福，修读中世纪历史和哲学，同时她对各种学科都有着浓厚的兴趣。后来，因为父亲的关系，她选择了和父亲相同的法学，这也是让她的父母满意的方向。但是，在法学院的学习并不尽如人意，她不适应那里的教学风格，所以学习和生活变得很痛苦。偶然一次，她萌生了放弃法学的想法，这一想法让她感到如获新生。她的父母得知这一消息后很生气。即使他们极力地反对，卡莉依然坚持己见，遵循了她内心的意愿，选择为自己而活。后来，她开始了第一份工作，逐渐地喜欢上了商学，通过努力，最终成为著名的女CEO。

卡莉是一个敢于坚持自己梦想的人。在她想做的时候，她就做了，而且干脆果断。倾听你内心的声音，不要将它遗弃到角落里。人生苦短，去做自己想做的事情吧。

人应该相信直觉和心灵的指示，它们在某种程度上知道你想要成为什么样子，你想要的究竟是什么。乔布斯对于直觉的虔诚膜拜也许是源于他对禅宗的信服。从印度回来后，他对于印度人的信仰直觉很是憧憬，他认为直觉是直观和经验智慧的力量。这种力量比美国人一直以来依靠的思维更强大。因此，他相信并遵从着自己的直觉。

遵从自己的直觉

乔布斯一直对艺术和技术相交融的东西很感兴趣。所以，当他看到卢卡斯影业的电脑部门时，他很惊讶。回到公司后，他立刻说服斯卡利将它买回来。可是，当时的局势并不好，苹果高层对此没兴趣，甚至将他赶了出去。但是，最后，乔布斯还是收购了卢卡斯下属的皮克斯，做了皮克斯的主投资人，并担任董事长。

也许有人会问，如果乔布斯事先知道后来的皮克斯是个需要投入巨大资金的无底洞，他会不会改变初衷？应该不会的。因为乔布斯一开始收购它的目的也是因为喜欢，他喜欢将技术融入艺术创作中。他听从了自己心灵的指示。他的直觉告诉他：将艺术和电子技术相结合会成为动画电影的革命性改变。事实证明，他的直觉还是正确的，皮克斯在后来制作的动画电影都获得了巨大的成功，这也再次证明了他的睿智。

乔布斯好像大多时候都是凭直觉做事的人，在决定设计的时候，也常常依靠直觉来评判哪些是好的，而哪些是需要放弃的。其实，一个人的直觉往往会反映其内心真实的想法。因而，当我们无法判断和选择的时候，不妨听从直觉和心灵的指示。

有些直觉是天生的，它可能是一种潜意识，也许这更贴近那些所谓的天才。但是，有些是可以通过后天来提高的。直觉是直观和经验的智慧，如果想要增强这种直觉，就要利用经验。在日常生活和工作中，要积极地运用洞察力来丰富经验，并且善于归纳总结。正所谓"见多识广"，当你见识得多了，你的直觉就会越准。

第三节　用信心打破萎靡的现状

当跌入低谷时，告诉自己：我不要像现在一样，我可以变得更好。

拿出勇气抓住机遇

有时候成功的机会只有一次，当成功的机会来临时，千万不要犹豫，拿出勇气和信心去抓住它。每一个事业上的成功者都是敢于抓住机会的人。

乔布斯就具有超出常人的勇气。他高中毕业后并不想上大学，但是，他的父母并没有他那么前卫的思想，他们希望乔布斯接受正规的教育，因此执意要他读大学。叛逆的乔布斯任性地选择了里德学院。高昂的学费让他的父母负担起来很吃力，不过还是顺从他的心意，选择让他进入了这所全美最贵的大学之一。但是,他只在里德学院读了6个月就退学了。退学后的乔布斯依然到学校里去听那些他感兴趣的课程,他以为这样很自由。但是,退学后的生活并不像他想象中的那么简单。

乔布斯一直与朋友沃兹研究电子科技,两个人有一个共同的愿望就是拥有一台自己的计算机。但是,当时市场上的微型计算机要几千美元一台,非常昂贵,于是他们就萌生了自己组装一台的想法。上天会垂青勤奋的人,经历了各种困难,他们最终推出了适合于普通大众使用的个人计算机,这让他们欣喜若狂。

乔布斯凭借自己敏锐的商业眼光还从中看出了商机,积极地鼓动沃兹成立自己的公司,对于两个一穷二白的人来说,这很难。他们开始准备筹集资金,于是乔布斯卖掉了自己的福特汽车,沃兹卖掉了心爱的惠普65型计算器,总算凑够了1300美元,就在乔布斯家的车库里成立了苹果电脑公司。如果没有乔布斯的自信与坚持,就没有后来闻名世界的"苹果"。

乔布斯退学靠的是勇气,他发明计算机靠的是智慧,但是后来发现商机成立公司就是抓住了机遇。成功的机会稍纵即逝,你要有勇气紧紧地抓住它。当然,信心在这个过程中也起着非常重要的作用。

遇到麻烦不要绕开

人生不可能一帆风顺,遇到难以解决的事情,最好的办法不是绕过去,而是着手去解决它。你不解决它,它还会回来。这并不是生硬的说教。没有人会喜欢"麻烦"二字。但是,每个人又不可避免地会遇到麻烦。遇到麻烦的时候,人们的第一反应都是尽量不去碰这个麻烦,妄想它会自动消失。当然,能简则简的解决方式并无异议,就怕简化到直接无视就麻烦了,那可能会给自己的以后留下隐患。

事情都是一环扣着一环的,可能"麻烦"也一样。有的时候虽然看起来没有什么联系，但是最后问题总是能找上门来。比如说，上学的时候有个知识点没看，考试前默默地祈祷了半天，结果考试卷子一发，那个知识点果真出现了，可见不能嫌麻烦。所以，在工作或者生活中也是一样的道理，麻烦不解决始终后患无穷。

因此，当我们遇到麻烦的事情时，首先要做的不是怨天尤人，或者极力躲闪，而是考虑有没有能够解决这个麻烦的方法。我们也可以简化它，然后解决它，但不可以无视它，甚至避开它。

至少有一次获取成功的经历

自信，没有什么不可以。信心是一种精神的财富，它的力量足以支持你去面对一切的挫折与挑战，引导你走向成功。

卡洛斯·赫鲁是墨西哥卡尔索联合企业集团的总裁，他是拉丁美洲最富有的商人。卡洛斯的父亲在年轻的时候很努力，在去世后，留给他的子女一笔很丰厚的遗产。但是，卡洛斯对于他父亲的钱没有兴趣，他更感谢的是父亲教给他的如何去挣钱的方法，正是父亲一生的坎坷经历让卡洛斯获益匪浅。卡洛斯的成功原因除了一直以来对待事物的冷静与激情外，还在于对他的国家始终保持着自信，他说："墨西哥无论在怎样的危难之中都会屹立不倒，如果对这个国家有信心，任何时候合理的投资都会收获相应的报酬。"这或许也是卡洛斯迅速崛起的重要原因之一。

没有什么能够敌得过坚定的信心。当然，信心并不是平白无故就有的，如果想要有坚定的信心，就要有至少一次取得成功的经历。一个人越成功，就会对自己越有信心。

乔布斯第一次成功的经历，源于他20岁时亲自创立的苹果电脑公司。

他白手起家，凭借自己的努力，拼命地工作，让苹果电脑在 10 年之内从一间车库里的小工厂扩展成为一家员工超过 4000 人、市价 20 亿美元的公司，他推出的麦金塔电脑获得了世人的瞩目。他做了他想做的事情，并且获得了成功。是信心促使他成功，反过来，成功也增强了他对自己的信心。

为什么说越成功越自信呢？因为在有一次杰出的表现后，你就会有信心去复制这次成功。乔布斯 20 岁就创业成功与他不怕失败的奋力一搏也有一定的关系，他一穷二白，有的只是想法和干劲儿。

所以，年轻没有什么不可以。趁着年轻，不要害怕失败，朝着你想要去的方向奋斗，只要成功了一次，就是一次信心的积累。要刻意培养自信心，无论做的事情是大还是小，首先要有成功的经验，它会为你日后的成功做铺垫。

克服恐惧和自卑

众所周知，福特汽车公司是全球最大的汽车生产厂商之一，创始人亨利·福特被称为"为世界装上轮子的人"。是他开创了世界上第一条汽车生产流水线，从此世界汽车工业革命拉开了序幕。亨利·福特在一次采访中曾说："能还是不能，在一些失败者心中，选择哪一个都是正确的。"你认为能，是因为相信自己，所以你能成功。

与自信相对的就是自卑与恐惧。恐惧是与生俱来的一种情绪。职场上的恐惧多数来自于对所做事情的不了解与不擅长，因此当你要挑战它时，就会产生恐惧之心。所以，解决它的办法就是不断提高自己的能力。我们在变换新的环境或者工作任务时，也会有恐惧与担心的心态，适应新环境总是需要一个过程，任何时候都急不得，它需要一个培养的过程。

自卑和恐惧就像一对孪生兄弟，当我们恐惧一样事情的时候，自卑之心会让我们更加退缩。每个人都或多或少有自卑的情绪。也许，轻微的自卑还会促使人进步。但是，过多的自卑情绪只会让人畏首畏尾，胆小怯懦。如果你没有勇气尝试又怎么会成功呢？这时候，可以从小事开始一点点地积累成功的经验，一点点地克服自卑的情绪和心理，注重积累成功的经验，让这些成功的信念一点一点替换这些消极的情绪。

第四节　我的路，我做主

走别人走过的路，或一如往常地做事情，并不是什么难事，但那条路不一定最终通往成功。

走自己的路

鲁迅说，世界本来是没有路的，走的人多了也就成了路。人生中总有人不曾走过的路和不曾看过的风景，也有人不曾到过的地方。那些别人没有涉及的路，正等待着第一个开拓者。

"走自己的路，让别人说去吧！"要想获得成功，就要有一种强烈意识：只做自己。自己的人生，要自己来主宰。我们坚持走自己的路不是追求另类独特，不是一味追求变化，更不是照搬照抄。要走自己的路，首先在思想上就得独立，不让别人的思想左右你的梦想。

很多人由于过于在意别人的看法，在面临人生抉择的时候，不是为了自己的思想、自己的能力、自己的特长，而是为了别人的眼光。这些人或者为了迎合别人而改变自己，或者盲目随波逐流，最终失去本色，成了别人观点的牺牲品。别人想的做的那只能是别人的，不一定适合你，只可以供你参考。人生的激情就在于你敢走没人走过的路，成功需要这样一个信念：我的路，我做主！

在西撒哈拉沙漠的绿洲旁边有一个小村庄，名为比塞尔。从这里走出沙漠一般需要 3 个昼夜的时间。这里的人们没有一个走出过沙漠，不是他们不想离开那儿，而是尝试了很多次都失败了。有个青年觉得难以置信，怎么会有走不出的沙漠呢？走不出去可能是方法不对或是勇气不足等。他亲自做了个实验，从比塞尔向北走，结果 3 天半就走了出去。这时的比塞尔人才醒悟：原来他们中根本没有人向北走过，每一个试图走出沙漠的人都是沿着他前面那个人走过的路线走的，从来也没有人想过另辟新路。

所以说，坚持自己，不仅是一种智慧，更是一种勇气。每一个人的能力、志向和兴趣是有差别的，因此每个人奋斗的方向也是不一样的。当你找到一个适合自己发展的领域，才会让你的施展才华，发挥出更大的能量。

去过比塞尔旅游的人都知道，那里有一座纪念碑，上面写着："新生活是从选定方向开始的。"乔布斯的合作伙伴迪士尼，也是一个敢于走自己的路的成功人士。

迪士尼在上小学的时候就对绘画特别感兴趣。一次他在完成老师布置的绘画作业时，把一盆花朵画成人的脸，把绿叶画成人的手。当时老师根本无法理解孩子心灵中的那个美妙的世界，竟然认为迪士尼在胡闹，并当众把他的画撕得粉碎。

委屈的迪士尼回到家里，父亲问清缘由后鼓励他说："你认为是对的你就要坚持，不能主宰自己的人，终身都将是一个奴隶。"迪士尼从此记住了父亲的这句话。

第一次世界大战时，迪士尼报名当了一名志愿兵，在部队里当驾驶员。有空他就创作漫画，并寄给了一些幽默杂志，但几乎都被退了回来。战争结束后他四处求职，终于在一家广告公司找到了一份工作。然而，他只干了1个月就被辞退了，理由是他缺乏基本的绘画能力。

1923年10月，迪士尼在好莱坞一家房地产公司后院的一个仓库里，正式成立了属于自己的"迪士尼公司"。他创造的米老鼠与唐老鸭形象几年后享誉世界，并为迪士尼赢得了27项奥斯卡金像奖，使他成为世界上获得该奖最多的人。

小时候的迪士尼听从父亲的教导，要主宰自己的人生，长大后他也一直践行着这个信念，走自己的路，并且创造了自己的辉煌。其实，普通的年轻人也一样，只要敢于做自己，成功就掌握在你手里。

走自己的路，才会留下自己的印记

一个屡屡失意的年轻不远万里来到一个偏僻的小镇，慕名寻访一位备受尊敬的一位老先生。

当谈到命运时，年轻人问道："这个世界到底有没有命运？"老先生说："当然有啊。"

年轻人又问："命运究竟是怎么回事？既然命中注定，那奋斗又有什么用？"

老先生没有直接回答他的问题，只是笑着抓起年轻人的左手，不妨先看看手相，给你算算命。他先给年轻人讲了一番生命线、爱情线、事业线等诸如此类的话后，说："把手伸开，照我的样子做一个动作。"

老先生的动作是：举起左手，慢慢地而又越来越紧地握紧拳头。

老先生问："抓紧了没有？"

年轻人有些迷惑，答道："抓紧了。"

老先生又问："那些命运线在哪里？"

年轻人机械的回答："在我的手里。"

老先生问："请问，命运在哪里？"

年轻人恍然大悟："命运握在自己的手里！"

就像这个故事告诉我们的，把命运握在自己手里。乔布斯就是这样一个人，所以他的苹果公司时刻引导着潮流的发展。

面对激烈竞争的时候，乔布斯有了一个奇特的想法，就是对DVD 技术大做文章。他觉得在计算机上播放电影是一件让人兴奋的事，可以使苹果计算机具有区别于其他计算机的独特之处，于是他在高档的 Mac 机上新配置了 DVD 播放机——他实现了自己的想法。

然而，虽然在 Mac 机上播放电影固然很酷，却还没有酷到让顾客觉得非买不可的程度。不过乔布斯又有了新想法，他发现用户需要另一种新功能：将自己的文件、图片、歌曲存储至 IjCD 上。

其实，当时的康柏早就察觉到了这个市场，在新推出的半数PC 中都增加了 CD 刻录机，结果成了一大卖点，这些机型非常畅销。乔布斯觉得如果继续走这条路的话可能也不会超过康柏，并且他不愿意跟在别人的屁股后面做模仿者，于是他决定寻找新的突破口，那就是安装一个既能播放 DVD、还能存储数据的驱动器。CD 可以存储电影，但压缩率还不够高，如果电影比较长，播放起来效果就很模糊，很影响视觉效果。于是乔布斯决定配置DVD 刻录机，并且还增加了一款软件，使得刻录 DVD 不再像以前那样漫长。

功夫不负有心人，乔布斯此举大获成功。没过多久，苹果公司就宣布配置有 DVD 刻录机的计算机出货量已达 50 万台。但是之后戴尔和惠普也开始在计算机上增加 DVD 刻录机，并且它们的刻录技术比"苹果"的还要先进，在处理数据存储和传输方面做得更加出色而且价格便宜。

面对疯狂的价格战，乔布斯利用 Mac 机刻录的盘片可以在 90% 的 DVD 播放机上放映，而戴尔的只有 60% 的优势，于是乔布斯着手进行下一项更新的创意，将刻录机技术升级。把盘片和软件确立为视频存储和编辑的标准，特别符合专业电影制片人的需求。

一样的商机，不一样的收获。乔布斯就是这样善于掌控自己的命运，让苹果公司在计算机行业有了不可撼动的地位，走在时代的前列。

由此可见，成功并不像你想象的那么难，要敢于挑战自己，不仅需要树立行动目标，更需要不屈不挠的决心。有位名人这样说："只有新的领域，只有尚未凝固的地方，才能留下深深的脚印。那些被无数人、无数脚步涉足的地方，别想再踩出脚印来……"

这也证明了走自己的路，才会留下自己的印记，同别人干一样的事，很难获得出色的成果。因为人人都走过的路上不会剩下什么有价值的东西，而无人涉足的新路，尽管路途坎坷，却可以有许多新的发现，它能给你创造奇迹的机会。乔布斯就是一直在走自己的路，在他看来，经营之道在于不断挑战，不断创新。

第五节　我就是我自己的船长

生命好比是一次航行，人生如海，社会似舟，个人好比水手，身处汪洋大海之中，我们启航了生命之舟。

掌舵自己的人生之船

在这次航行中，我们应该做自己的船长和舵手，掌握好指南针，确定好方向。舵手的罗盘有一个心的方向，心是我们的启明星，它指引我们前行。

人生之路很漫长，在苍茫无边的大海上，要达到理想的彼岸，船长是那个掌舵人，他决定人生的关键。然而，人生的船长是谁？你可以自己选择，父母、朋友、领导，或是不相干的人，但你忽略了一个关键的人，那就是你自己，你应该自己决定过什么样的生活，决定权应掌握在你自己的手中。

人人都渴望成功，没有谁甘愿一生平庸、碌碌无为；没有谁与生俱来就是渺小平凡的；也没有谁喜欢在被别人局限了的狭小天地生活。社会就像是个大转盘，掌握好了人生之舵，就等于确立了人生的坐标和基点，就能做自己的船长。人生之舟，做自己的船长，才能乘风破浪！

为自己掌舵是一种魄力，我的人生要自己掌舵。古今中外的英雄人物无不是有这种气魄的。但是要掌握自己的人生并不是简单容易的事，需要你有雄心壮志，并且有毅力和信心，这样你才有足够的能力。

乔布斯说："我的大部分时间都花在前瞻性的工作上。我从未被互联网的繁荣所误导。在我看来，如果摒除互联网泡沫经济的疯狂时期，现在的技术变革的速度和我所见的过去 20 年比并没有什么太大的不同。我一直相信科技创新没有尽头，一些非常强大的企业从那段最艰难的时期成长起来。我还看到了很多不错的苗子从大学校园里纷纷涌现，我是一名乐观主义者。"像乔布斯这样统领苹果公司的传奇人物，不但掌握着自己的人生，而且手中还攥着"苹果"的命运，他把这看作一种责任和使命。

能掌握自己人生的人才有资格做别人的带领者，乔布斯就是这样从驾着一条小船开始的。有一次，乔布斯一家乘游艇观光时，他的小孩里德对汹涌的波浪感到非常恐惧，于是乔布斯要求船长返回到岸边。船长拒绝了乔布斯的要求，因为船上还有其他几名乘客，而且波涛会平息的。于是乔布斯就打电话叫来了一艘救生艇，带里德回去了。这是 1997 年，乔布斯已经 42 岁。他说："我自己就是航船的船长，只会领导，不会服从。"20 世纪 90 年代，乔布斯习惯称自己为"航船的船长"，他也是 PC 业的"船长"，这才是领导者的本质。

人人都行驶在人生的汪洋中，任何人的航程都不会一帆风顺。大学时乔布斯退学，整日无所事事，他决定去印度寻求人生的真谛。短暂的印度之行给了他很多启示。重新回来后，经过短暂的思考他决定让他的"船"驶出迷茫的海域，沿着他发自内心深处想要的东西重新出发。科特克谈起乔布斯的这段经历的这样说："可以确切地说，乔布斯心中总是装着他的苹果电脑。从更深层次上分析，他的成功是由于其内心怀有一种深切的不安全感，正是这种不安全感使他必须出去闯荡，以证明自己存在的价值。另外，由于他从小就是被收养的孩子，他的行事方式并不被大多数人所理解。"

乔布斯是一个天生的领导者。当"苹果"创始人之一的沃兹的头脑里想的是电路设计时，而乔布斯想的却是怎么开一家公司。他要给自己的品牌计算机起一个他们俩都喜欢的名字。由于乔布斯非常喜欢流行歌曲，他也常与铁哥们儿一起去俄勒冈州的苹果农场，他喜欢吃苹果，于是决定用"苹果"作为公司的名字，而且得到了沃兹的同意。从起名字开始，乔布斯就把掌舵权握在自己的手里。现在他驾驶的已经不是那条小船了，而是世界上赫赫有名的"苹果"公司。

增强自己掌舵的能力

谁都愿意主导自己的人生，做自己人生的船长，它的意义和价值大家都明白。但是做自己人生的船长并不是一件容易的事，这需要你不断地锻炼自己。

1981年，乔布斯把苹果机当作未来的新型电脑，并为了实现它而付出努力。最初，乔布斯准备要将45人投入研究创造，后来又放宽到100人，但他要确定苹果机小组的每一个新进人员都能符合现有标准。新员工面谈时都被问道："你在何时丧失的童真？"乔布斯后来说，他其实不在乎答案，而是看应聘者被问到这样的问题时如何反应，看他们的答案是否具有创意性而且带点疯狂。他需要的是能配合这个计划，而且真正具有能打破常规特质的员工。如此不按常理出牌的乔布斯，在这时已经完全显露出了其特立独行的风格。

乔布斯带领"苹果"乘风破浪，渡过重重难关，这也正是他成为"苹果"的领军人物的原因。从表面上看，乔布斯在公司楼顶悬挂一面巨大的海盗旗是一个神秘的噱头，但从更深层次看，乔布斯打造的是一种领袖的魅力。如果把"苹果"比喻成海盗船，那么船长当然是而且只能是乔布斯。正是这种"我就是我自己的船长"的魄力，成就了日后的乔布斯，他永远在朝着自己的目标前进。每次苹果产品的研发、生产、销售，乔布斯都必须参与其中。他明确地表达出他想要什么样的产品，想达到什么目标。多年的经历，让乔布斯成为一个全面的领导者，而不仅仅是技术人员。有能力领导整个公司，不但是因为他有天赋，更重要的是有责任，有毅力和勇气。这也是作为船长所必备的素质。

一个人要想掌握自己的命运，首先得知道自己最想要什么，最渴望实现什么。如果你不知道，那你现在最要紧的事就是去寻找它，发现它。有梦想的人容易有积极的、感恩的、快乐的、平和的心态，不容易被杂念和诱惑所改变。

在乔布斯的一生中，每个阶段都是他自己要走的路。乔布斯牢牢地掌握着命运之船，成就了今天的"苹果"，甚至他的一举一动都左右着"苹果"的命运，因为他是"苹果"的掌舵人。

乔布斯经历了人生中的风雨坎坷，到最后都没放弃，这才有了苹果公司。他人生的路就是根据他的内心深处的愿望一步一步走过的。行驶在人生的汪洋中永远不可能一帆风顺。人生的哲理告诉了我们，人生之路只有经历狂风暴雨的洗礼，才能看到雨后绚丽的彩虹。作为平凡人的我们，也只有以一种超乎常人的勇气和毅力，才能够让生命激流荡涤灵魂的浊物，然后找到自己本来就有的那颗坚毅的心。

当今社会竞争异常激烈，光靠某方面的能力是不行的，你必须定位自己的角色，掌握自己的人生，才能具有力量，才不会被大海吞没。乔布斯从小就掌握了自己人生的航线，最终登上了成功的彼岸，成为成功人士。爱迪生不就是从小好学，牢牢掌握着自己的航向，最终才成为世界伟大的科学家么？纵然人生有苦有悲，哭过，累过，颓废过，但自己的身份却始终没变——船长。只要你记得你的身份和责任，你就不会被打倒。

你必须做自己的船长，把握好自己的方向。你必须自己在漆黑的夜晚找寻北极星，在茫茫的草原上眯起眼睛看太阳，这就是你的责任。指南针并非时刻准确，要学会利用周边的一切去辨别方向。人生是自己永恒的航船，船长便是指挥它渡过险滩急流，驶向自己梦中的彼岸。无论它多么遥远，旅途多么艰辛，你必须做好掌舵人。"长风破浪会有时，直挂云帆济沧海。"当好了自己人生的船长，把握好自己的命运，就有希望登上成功的彼岸。

作为船长，必须勇敢，人总要学着如何去战胜内心的恐惧感，然后消灭掉这些依附在身体上的"病毒"，做自己的船长，主宰方向。因为人生是短暂的，从呱呱落地的婴儿到白发老人，有的人创造了辉煌，令后人敬仰；有的人平庸一生，没有在人生的道路上留下任何痕迹。人生是苦难的集合体。有位哲人说：人生就是光着脚，在赤热的炭块铺成的圆形跑道上行走。你要相信有一种力量，这种力量需要威慑、打击失败的人生，让激情与进步同在，让理想与光辉同在。实现人生的理想之路，开拓未来的希望，接着最大限度地实现自己人生地价值和生命的意义。

乔布斯身上有很多头衔，他是《财富》眼中"美国最粗暴的老板"，吉姆·科林斯称他为"商界贝多芬"，《经济学人》则将乔布斯比做伟大的皇帝拿破仑，硅谷称他为"电脑业的首席创新总监"……但是，相对于这些来说，还是一个事实更重要，那就是，他还是自己人生的船长。

在生命的航程中需要勇气和魄力。面对波涛汹涌的大海，倘若你想让生活多些色彩和浪花，多些挑战，抛开欲说还休的感伤惆怅、旧式文人的低回叹惋，拿出力挽狂澜的大气，以坚定的信念，握紧手中的船舵，最终到达成功的彼岸。那就学习乔布斯吧！做自己人生的船长，驾驶着属于自己的人生之舟驰向生命的海洋，闯出一片属于自己的领地，创造出令自己骄傲的成绩。

第六节　信念决定与众不同

有的人总是在失败或者受挫折后，心里乱乱的，把自己也搞得乱七八糟，六神无主，生活就是这样，有时会给你当头一棒，但不要因此失去信念。

做人要有信念

罗曼·罗兰曾说过，人生最可怕的敌人就是没有坚强的信念。信念是人们心中的希望，他能唤起人们对美好事物的向往，激励人们百折不挠地去追求。信念的力量在于即使身处逆境，亦能帮助你鼓起前进的船帆；信念的魅力在于即使遇到险阻，亦能召唤你鼓起生活的勇气；信念的伟大在于即使遇到不幸，亦能促使你保持崇高的心灵。总之，信念决定了你拥有一个与众不同的人生。

做人没有信念是不行的，没有信念的人就如同游魂，四处游荡没有方向；没有信念的人如同易碎的玻璃，经不起一点打击；没有信念的人也没有一点勇气和斗志，因为他们的灵魂深处是空的，他们很轻易就会选择放弃。因此也就达不到梦寐以求的成功。

信念具有无坚不摧的力量，它支持着人们的生活，催促着人们奋斗，推动着人们进步，正是它，创造了世界上一个又一个的奇迹。我们肯定还没有忘记2008年汶川大地震，巨大的轰鸣过后，整个县城成为一片废墟。但是震后近一个月的时间过去了，废墟里仍有幸存者。是什么使他们活了下来呢？有幸存者说："我当时只有一个信念——活下去！"原来是信念拯救了他的生命。这种活下去的信念拯救了灾区无数条生命，使汶川从重大的灾难中重新站起来。有了信念，我们就有了希望，就有了活下去的勇气和动力。

信念给我们的生命注入源源不断的活力，在它的帮助下，人生路上又有什么能够与之抗衡呢？对于一个人、一个国家，乃至一个民族来说，最可怕的就是没有坚定的信念。只要拥有坚定信念，成功的大门永远向你敞开。

乔布斯认为人活着就是为了改变世界，就是这样的信念激励他克服了工作和生活中的种种困难，甚至经历了生死走到最后。可见人生需要信念，需要勇气，需要毅力。只有坚定信念的人，才能创造生命的奇迹。

大家知道乔布斯制造了电脑，但他向全世界青年人出售的不只是这样一个单一的产品。他坚定地在越来越大众化的电脑里面，注入信念的力量。

1984 年 1 月 24 日，乔布斯在 Mac 电脑推广会上大声疾呼："IBM 想占有一切，苹果是他的最后一道障碍，我们能让 IBM 霸占整个信息时代吗？"台下 15 万人齐声吼道："不能！"这一天，被《时代》杂志评价为个人电脑大众化普及的第一日，被《生活》杂志称为"家庭生活的重大物质飞跃"。

全球著名的加州计算机历史博物馆馆长麦克尔·威廉斯肯定了乔布斯的成就，他说："没有亲身经历这 20 年的人是不能理解为什么这一天如此重要，也不能理解所谓'苹果'给人们带来的特立独行的感觉到底是怎么回事。"

1997 年底，在一个投资者会议上，有人问及乔布斯作为苹果公司领导者应做些什么时，戴尔公司当时的首席执行官迈克尔·戴尔说："我会关闭公司，把钱还给股东。"事实证明，戴尔错了，乔布斯使一家病入膏肓的企业起死回生。

乔布斯把他的老战略用在了新的数字技术领域，凭借绝对控制、突破性创新和一流的营销，创造出消费者们梦寐以求的产品。苹果公司的 iPod 播放器与 iTunes 软件顺利融合，使之成为数字时代的代表性产品。从微软到戴尔，再到索尼，所有的竞争对手都望尘莫及。东芝公司首席执行官西田厚聪说："乔布斯为今后所有的数字业务建立了基本的模式。"苹果公司的股票从低潮时的每股 7 美元飙升到 74 美元。

几十年来，乔布斯改变了我们对音乐和电影、电话以及电脑的认识。他一次又一次地证明坚定信念能成就个人辉煌，推动社会发展，促进人类进步。翻开历史，古今中外无数仁人名士又有谁的成功是一蹴而就的呢？他们无不经历了无数次的磨难。

人生中，失败挫折是常事，有的人可以扛下来，有的人却受不了。

能够扛下来的人不是他有什么神力，而是他心中有着坚定的信念。正是这种信念给了乔布斯希望，让他向前看，看到美好的未来，而不是活在痛苦的失败里。

信念甚至能够战胜死亡，它让乔布斯经历了生死后重新归来。2009年3月，乔布斯进行了肝脏移植手术，这是他的第二次手术了。在苹果公司的新品发布会上，首席执行官乔布斯以一身"标准装备"——黑色高领套头衫、牛仔裤登台，并为"苹果"的最新产品作介绍。他病愈后已经投身于iPad的销售工作中，仍然是以前那个充满激情、极具创新意识的乔布斯。这种"起死回生"完全基于一种基本的信念，即一流的产品会带来一流的利润。

坚定信念，成就未来

iPhone发布时，它在手机市场上是后来者，当时智能手机市场已经被一些大公司占领，如诺基亚、微软 Windows Mobile、Palm、索爱、黑莓等，它只是众多手机中的极普通的一款。而到了发布iPad时，"苹果"的身份是成功者。一些人对iPad提出了很多批评，说它没有Flash功能，没有多任务处理，也没有摄像头，认为iPad不伦不类，只是一个大尺寸的iPhone或iPod Touch。这些负面的言论都没影响到乔布斯，他相信，"当用户感受到iPad带来的沉浸式体验，感受到可以多么直接地与之互动之后，他们只能用'神奇'来描述它。"

事实再次证明乔布斯所坚信的没有错，"苹果"发表声明称，"苹果在28天时间里卖出了100万台iPad，仅相当于iPhone达到这一里程碑所需74天时间的不到一半"，而且"需求量继续超过供应量"。截至2010年4月9日，iPad在上市一周内共售出45万台，用户下载iBooks60万次，iPad程序350万个，百思买上的30万台iPad已全部脱销，第二批预订用户要等到12日才能拿到产品。这些事实印证了乔布斯的话，他真的改变了世界。

乔布斯说："我们从不做市场调研，也不招顾问。这 10 年来我唯一招过的顾问是家公司，我让他们帮忙分析 Gateway 的零售策略，好让我们不（在开设苹果零售店时）犯下与他们一样的错误。从本质上说，我们只是想做出伟大的产品。我们之所以开发 iTunes 音乐商店，是因为我们觉得，能够以电子方式购买音乐相当了不起，而不是因为我们计划去重新定义音乐产业。我的意思是，音乐发行逐步电子化的趋势简直已经白底黑字地写在那儿了，这再明白不过了，我们凭什么要多花钱啊？音乐行业的油水够肥了，如果你可以简单地通过电子进行传播，为什么还要多花那些冤枉钱呢？"他还说："我相信凭借这个美丽的新触摸屏，'苹果'将改变便携计算机的设计理念，对笔记本电脑的地位形成挑战。iPad 可能改变移动计算领域的格局，挑战笔记本在移动计算领域的王位。"这需要多么强大的信心和信念啊！

乔布斯是一个改变了三个工业——计算机工业、电影工业、影音娱乐业的商业奇才，这就是英雄。就算这算不上真正"有史以来最伟大的故事"，但依然可以算得上一部跌宕起伏并充满惊喜与奇迹的伟大剧目。

任何人都不会永远一帆风顺，失败就像恶性肿瘤一样，会不断地恶化和扩散开去。那些自暴自弃、萎靡颓丧的人，就是因为被些许的失败打昏了头脑，不再相信自己能够成功，认为自己注定要失败而且是不断地失败，这种消极的念头使他们永无出头之日。在他们的头脑中，失败的阴影笼罩着一切，成功的信念和勇气早就烟消云散，他们只希望庸庸碌碌，了此一生。

在乔布斯重返苹果不久，他与比尔·盖茨见面时，无比认真地朝对方讲："比尔，我们共同控制了 100% 的桌面系统。"他的话肯定了自己的成绩。

没有信念是可悲的，信念和勇气的瓦解会使人们的生活更加悲惨，内心更加痛苦和凄怆，唯一可做的就是坚定信念，永不放弃。乔布斯从来不向困难屈服。人可以暂时失败，但是要永远坚持自己的理想，永远不要停止实现梦想。从来没有人说他百分之百好，在商业上他不如盖茨成功，不如戴尔成功，在公司管理上他也不如韦尔奇，但是他永远走在世界的前列，永远在试图改变我们的生活。他就是这样与众不同。

信念给人输送源源不断的动力，坚定信念，成就未来。"守得云开见月明"，在乌云密布的夜晚，只要我们有着对明月的渴望和笃定月亮总会出来的信念，耐心地等待，往往最终会等到明月普照大地的美丽瞬间。信念之于人生，就好像舵手之于航船。航船没有舵手，就会在大海中迷失方向，在暗礁险滩中葬身，被惊涛骇浪所吞没。人生没有信念，就会在前进中迷失自我，生活就将变得黯淡无光，自己的人生也变得没有价值。

当然，现实和理想是存在着差距的。乔布斯不断面临着现实和理想的矛盾，但是他从来不回避，不屈服。他不断地与现实做斗争，实际上也在不断地同自己的内心做斗争——自己是不是一个优秀的管理者，是不是一个有用的人？他从未停止过创造，从未屈服于挑战，他的理想和信念告诉自己不可以放弃。

有句话说：这个世界上没有谁能使你倒下，如果你的信念还没倒的话。所以，任何时候都不能放弃希望，生活还得继续，就算为了可能的绽放，我们也要奋力一搏。人生就是爬坡，攀登比放弃更难，但是未来是美好的，因此就我们值得努力。只要你不曾对生活失去信心，生活就不会亏待你，因为守住了信念就留住了希望，有了信念就可能成功。

第5章

解放思维——智慧的人生不设限

勇于突破常规，能使你区分于这"徘徊的大多数"，走出一条不寻常的路。这并不意味着我们可以不守任何规矩肆意胡来，而是在主流社会认可的大背景下，打破那些乏味的规则，有突破，有创新，这样你才不会永远是个跟风者，而是创造者。

第一节　规则不是一成不变的

　　不要做那些该死的条条框框的奴隶，立刻跳出来，不再做那个循规蹈矩的人，那会毁了你。

要有打破陈规的精神

　　我们从出生开始，努力去理解周围发生的一切，一直到我们逐渐老去，对一切都不再关心。我们的一生中，也许很多时候都会质疑：我们是否应该遵守规则？

　　拿破仑说过，在人生的道路上，只是朝着阻力最小的方向行使，这是"徘徊的大多数普通人"。而你必须做一位"有意义的特殊人物"，而不是这样的"徘徊的大多数普通人"。这就鼓励我们要勇于突破常规，使自己区别于这"徘徊的大多数"，走出一条不寻常的路。

　　但这并不是说我们可以不守任何规矩肆意胡来，而是在主流社会认可的大背景下，打破那些乏味的规则，有突破有创新，这样你才不会永远随波逐流，而成为一个伟大的创造者。

　　也许有人会不以为然，甚至认为独树一帜不会有什么"出路"，但今天的事实已经证明，这种认识是落后的。这是个创新的年代，如果没有打破陈规的精神，那等着你的只有被甩在时代的后头。

　　《孙子兵法》有云："凡战者，以正合，以奇胜。"所谓"出奇"，就是不循旧轨，打破陈规，造成一种先声夺人的气势。一个合格的领导者不能墨守成规，画地为牢，而应该审时度势，跟随时代的脚步，不断地进行必要的革新。

　　乔布斯就是这样一位领导者，如今，谈及风靡全球的苹果公司产品，人们总会想起那个特殊的标识：一个被咬掉一口的苹果。而这个被咬掉了一口的苹果，也代表了苹果公司的企业文化与设计理念：偏执，创新，注重智慧，富有生命力。

　　人人都要求完美，而"苹果"却偏偏表现缺憾，首先从这个标志开始，"苹果"就注定是要打破陈规的。乔布斯在骨子里就是个敢于打破陈规的人，年轻时代的他深受美国嬉皮士文化的影响，穿衣打扮以及行事作风都不拘一格，甚至在他选择大学的时候也受到了嬉皮士文化的影响，大学没读完就中途退学。从小被视为异类的他，是一个不折不扣的能够打破陈规的代表者。但乔布斯并没有沉迷于一味地特立独行，与众不同，而是适可而止，他把这种敢于打破常规的精神升华为一种敢于创新的精神，这在"苹果"推出的每种产品中都有所表现。

　　不墨守成规就是要勇于创新。干什么事情只有不断创新才能有生机和活力，最终取得良好效果。用先进的东西替代落后的东西，这是事物发展的一般规律。在发展过程中，谁创新速度快、质量高，就会走在前列。当人们对电脑的概念还是那个大脑袋加上一个笨重的机箱时，谁也想不到我们今天看见的新一代 iMac 电脑，会如此轻薄。新一代 iMac 使用的是铝合金材料，这样的产品看上去非常整洁，也不会出现线缆繁乱的情况，很符合现代年轻人的审美，甚至它已经融入到家里的一体化装潢中。这个打破陈规的产品为乔布斯赢得了无数荣耀，iMac 很快便为苹果公司赢得了良好的声誉。

　　　　早在 20 世纪 70 年代，当许多企业都在抄袭、"借鉴"他人的设计成果时，乔布斯却坚持独立研发，他甚至不允许自我抄袭。借鉴是可以的，但是必须有限，它只能作为启发灵感的来源。1998 年 8 月 15 日，第一款 iMac 上市，型号为 iMac 63(Tray loading iMac)，使用 233MHz 处理器 (ReviSiOil A)，拥有 2MB 显存的 ATI Rage IIc 显卡，当时只有蓝色一款可供选择。

当第二代 iMac 的设计图纸被送到乔布斯手中时，他对第一代 iMac 的缩小版非常不满意，他觉得那样看起来就是一个普通的电脑。他立刻找来艾维，两人在乔布斯家的花园里散步时一直在思考，试图找一个打破传统电脑设计的突破口。后来乔布斯逐渐理清了自己的思路，他觉得 iMac 应采用一体设计的思路，即主机和显示器集成在一起。他对艾维说："每件东西都必须有它存在的理由。有时你可能需要从它的后面看，为什么必须要有一个纯平显示器？为什么必须在显示器旁边放一个主机？"

在 2003 年 1 月 7 日，苹果电脑终于推出了新的 iMac 产品——iMac G4，这次的新产品终于摆脱了以往的设计风格，显示器使用 15 寸的 lCD，使用一个可摆动的器臂来定位，而且只有白色，在当时被称为具有未来感的外观造型。2004 年 8 月 31 日，苹果电脑推出全新的 iMac 产品，它使用 17 寸或 20 寸宽屏液晶显示器，电脑的全部配件都集成在显示屏幕后面，一共有 2 厘米厚。2006 年，iMac Intel 核心版本推出，并随后将屏幕尺寸提高至 24 英寸，"苹果"以外的厂商在一体机市场都走得不太顺利，像惠普、戴尔、神舟等偶尔推出一体机机型的厂商，也只不过是借此来表现自己拥有一定的创意，只有"苹果"将一体机作为了主要的发展目标。

可以说 iMac 的确是一件充满创意的产品，"苹果"凭借这种创意在 iMac 上不断获得好评。新一代的 iMac 具有更大的屏幕，视野更宽广，单凭这一点已经很吸引人了，再加上高端的配置和细致入微的设计，iMac 不可能不受到欢迎和称赞。

抢占先机

世界上的事物总在不断地变化，规则是由人创造的，规则也能被人打破。每一个组织总有这样或那样的规章条例，但是不可否认的是，再好的规章条例也是从出台的那一天就开始老化。因为组织和成员都是随着时间不断发生变化的。作为一套规章条例，必须适应这个变化才能发挥作用。

在这个要求创意的社会环境中，想要有发展，就要出奇招、出高招，也要出险招。随后苹果公司的 iPod 和 iPhone 的设计开发同样惹人注目。其实，在 iPod 和 iPhone 面市之前，便携式影音设备与手提电话市场早已成为"红海"，就是已知的市场空间。虽然 iPod 是最平常不过的一款 MP3 音乐播放器，也不是"苹果"的专长，但乔布斯巧妙地植入了在线音乐商店 iTunes。他利用互联网服务整合了消费者、音乐发行者，以及唱片制造商，改变了音乐生产链的生存状态。可以说乔布斯是一个颠覆性的创造者。

成功者的高明之处就在于"别人未想到的，你却意识到；别人未看到的，你先看到；别人未当一回事的，而你抓住不放；别人未起步时，而你已理出头绪"，这就是抢占先机。

敢于打破陈规，推陈出新的人比比皆是。桂景大酒店总经理钟超艺在广西南宁市桃源路开办跨世纪酒楼，并创立十大名菜系列，迅速在南宁市场上树起品牌。大学学习计算机的他，1995 年才涉足餐饮业，但凭借思维创新、打破陈规的理念，他所经营的桂景大酒店，被广西壮族自治区旅游局评为三星级酒店、四星级酒店，成为广西首家民营高星级酒店。

在餐饮方面，钟超艺先生进一步发扬和推广"十大名菜"理念，不断先于同行推出全新菜肴，并在餐具使用、餐厅装潢、台布设计等方面，进行了诸多打破传统的创新，在当时的南宁市餐饮行业掀起了一股跨世纪之风，成为当时南宁市餐饮行业的领头羊。

用先进的东西替代落后的东西，这是打破陈规的一般规律，打破陈规就要敢闯、敢试、敢冒风险。世间万物都始于创造，没有创新，整个组织就会停滞不前，像一潭死水。在发展问题上，谁创新速度快，完成质量好，就会永立潮头。作为企业或个人，要善于突破发展瓶颈，打破条条框框。

社会是向前发展的，如果墨守成规，一味因循守旧，按部就班地搞建设，我们就不可能跟上时代的发展步伐。规则并不是一成不变的，如果你想做和乔布斯一样引领时代的成功人士，就要克服故步自封的思想，敢于改变自己、超越自我，勇于打破陈规，创造有利于自主创新的机制，大力推进理论创新、制度创新、科技创新、管理创新，这样才能为我们不断进步、超越自我提供不竭的动力。

第二节　没什么是我不能做的

在这个世界上，每天都有许多天才默默无闻地走进了坟墓，而导致他们一生碌碌无为的最关键因素就是他们不敢冒险，他们没有勇气接受人生的挑战。

成功与否在于你的勇气

对于同一项工作来说，有的人认为无从下手，而有的人却可以做得很好，其中的关键差别就在于你的心中是不是有这样一个声音，它不停地催促你前行，即使遇到困难和阻力，也会坚定地告诉你：前进！没什么是你做不了的！庸庸碌碌的人的一个共同的弱点，那就是不相信自己。不敢做那些别人没有做过的事情，不敢实现那些看起来不真实的理想。

你能学会在面对困难的时候，积极地寻找解决问题的方法吗？如果你能，还有什么工作是做不好的呢？只有我们敢于接受挑战和考验才能有机会成功，有这样的头脑就没什么是你做不了的。颠覆者通常更加注重产品和服务的便捷性、简单性、包容性，或者价格对于客户的可接受程度，并以此来颠覆现有市场，或者打造一个全新的市场。

想突破吉尼斯世界纪录是很难的，但如果你创立一个新项目，那么你就是做这个项目的第一人，创造这个奇迹的人也自然是你，虽然这并不是容易的事。海尔总裁张瑞敏说过："如果有50%的把握就上马，有暴利可图；如果有80%的把握才上马，最多只有平均利润；如果有100%的把握才上马，一上马就亏损。"由此可知，成功与否在于你的勇气。而任何成功都带有一定冒险性，它就是矛盾的统一体，是一种挑战，关键是看你敢不敢接受它。

在日本有个著名的魔鬼训练营，在它创办之初，邀请了许多大企业的领导人参加。经过一段时间的训练，他们终于毕业了，在典礼的当天，总裁们纷纷驾驶着自己的豪华轿车前来参加，怀着激动而紧张的心情，等待着魔鬼训练法创始人，被他们敬若神明的"老魔鬼"为他们颁发证书。"老魔鬼"只做了简单的演讲，就宣布典礼结束，这让满怀激情的老总们非常诧异。在走出礼堂时，外面下起了雨，"老魔鬼"第一个冲进雨中，而且，步履坚定，神态自若。有人提出要送他回去，他回答说："不！"他放大声音继续说："这点儿风雨算不了什么，和我一生中所经历的狂风暴雨比较起来，这实在是最温柔的。所以，我要告诉你们：人生，就是要向自己发起暴风雨一样的挑战！这也是我创办魔鬼训练营的目的。"这才是"老魔鬼"真正要说的，那些老总都被他的话征服了，目送他消失在暴风雨中。

"别人能做得到的事我也可以"，这不但是一种自信，也是给自己的成功多一点希望，这就是勇气的力量。勇气，可以让看似难以逾越的困难迎刃而解，可以让看似难以完成的工作顺利进行。别人做得到的我也可以，别人不可以的不一定我也不行。敢于自我挑战就是成功，不管结果是否如愿，但最起码你具备了这样的勇气。乔布斯可以说是从来不乏这种勇气的，不论是其他人没开发过的，还是已有发展的领域，他都试图去尝试。在他看来没什么是不能完成的任务，只要敢做。他似乎并不在乎失败，因为他认为失败不可怕，没有创新的日子才可怕。

在困难面前止步不前的人，永远也不会成功。面对挑战，不光要有实力，还要有迎接挑战的勇气，否则，我们连尝试迎接挑战的机会也没有，那么成功的机会也就是零了。"苹果"虽然是行业的领导者，但并不是无人能及的，"苹果"时时刻刻都在面临新问题，新的挑战。能够让它屹立不倒的是它勇于接受挑战，不断突破自我的精神，这才有了它今天令人瞩目的辉煌。

只要有成功的信念，就没有什么做不到

乔布斯一贯拥有长远的眼光，早在"苹果"创立之初，乔布斯的目标就是研发一款性能超过之前所有计算机的产品，设计 lisa 成了他当时最大的梦想。这时还有一个公司叫"施乐"，当时的施乐拥有最尖端的技术和顶级的计算机人才，设计方面最好的方案都在帕洛阿尔托研究中心，那里被誉为"乌托邦般的计算机技术王国"，它是计算机研发圣地，

是无数人向往的地方，这里也同样吸引着乔布斯。由于当时帕洛阿尔托研究中心是对外保密的，所以乔布斯开出了诱人的条件，不惜花费100万美元，获得了到帕洛阿尔托中心考察的机会。

在研究中心，他们向乔布斯展示了Alto的工作流程，它不需要用户选择时再输入复杂的指令，而是通过一个移动的叫鼠标的功能就能完成所需要的指令。更让乔布斯感兴趣的是它可以在计算机屏幕上自由选择菜单，自由切换接口，使用者可以看到可移动的重叠窗口。这部计算机最具魅力的地方是有一个网络系统——以太网，这个网可以使办公室内多台计算机共享文件和信息，现在这个系统仍被广泛使用。

Alto已经是现代的个人电脑的雏形，能超越这样高端的发明无疑是一个巨大的挑战，而lisa能否媲美Alto对乔布斯来说也是个未知数，但是天不怕地不怕的乔布斯是不会被吓到的。他从中得到了启示，从用户界面、鼠标、局域网络、文件服务器到创新的软件应用程序，这些恰恰是他想要的东西。参观完回到公司后，乔布斯说："今天，我们就是要把不可能变成可能，在创新思维上动动脑筋。"他指出lisa计算机的设计要向着这个方向努力，并要求在此基础上进行创新。这期间，施乐公司的泰斯勒由于得不到公司的重用，跳槽来到了苹果公司，成为苹果电脑公司的一名技术专家。后来，又有多位施乐公司的计算机天才加入"苹果"，他们的加入无疑让乔布斯对lisa的成功更加充满信心。他坚信自己会再创造一个奇迹。

1983年lisa问世，不论从外形还是功能比过去都有过之而无不及，但是可惜的是由于乔布斯公司对市场估计不足，价格过高最终被迫停止。但是它的出现为苹果开了个好头，后来苹果的产品也是在lisa的基础上改造创新的成果。

很明显，这样的失败是阻止不了乔布斯的，也改变不了他敢于接受挑战的性格，所以他能那么充满信心地说："没有我做不了的，只有我不想做的。"光这样的勇气就值得我们崇拜和学习。

2010 年 6 月 8 日，苹果公司年度盛会正式开幕。在这次大会上，乔布斯正式发布了近来一直引人瞩目的苹果第四代手机 iPhone 4。这是乔布斯不断挑战的完美成果。乔布斯总是能够鼓舞很多人，他说："敢于去挑战，我们就无所不能。"

人生是短暂的，只有挑战才是永恒。想必大家都听过或看过《鲁宾孙漂流记》，除了精彩离奇的故事外，小说最值得揣摩的就是鲁宾孙的性格。在荒无人烟且缺乏最基本生活条件的小岛上，他独自一人，克服了许多常人无法想象的困难，以惊人的毅力顽强地活了下来。在岛上，没有房子，他自己搭建；没有食物，他就自己打猎、种谷子、驯养山羊、晒野葡萄干；他还自己摸索着制作桌椅和陶器；用围巾筛面做面包……鲁宾孙在荒岛上建立了自己的物质和精神的家园。虽然这里有虚构的成分，但是他敢于挑战，敢于创造精神、开拓精神让我们感受良多。

鲁宾孙是勇敢的、顽强的，苹果公司也是充满创造力的。不过苹果公司面临的挑战绝不仅仅是生存，它还要不断进行改善，并且将业务扩展到更大的市场。

当然，乔布斯能够做到。他拥有一种接受未来种种挑战的能力，同时也有这样的准备，这可以让他勇往直前。当乔布斯相信某件事会成功时，他的这种能力可以让他冲破一切障碍，只要有成功的信念，就没有什么做不到。

第三节　人生具有无限的可能性

人生充满未知的变数，就像买彩票一样，你永远都无法确切知道下一期的号码是多少，但正是这种变化，才使得人生变得丰富多彩。

人生具有无限可能

可能性是指事物发生的概率，是包含在事物之中并预示着事物发展趋势的量化指标。人的一生有多种可能性：成功，失败；好的，坏的。正是因为我们的人生充满无数可能才更加精彩，不再那么乏味，明天会怎样谁也猜测不到。人生的旅途中布满了分支和岔道，让人生变得充满无限可能。虽然我们要为将来做一些规划，但是，如果我们做错决定了，一定不会是穷途末路，也许只是通往了另外一种可能而已。

乔布斯的一生更是充满无数的可能，有好的可能性时他总是不放过机会，面对坏的可能性时也会动用一切资源让坏变好，这就是他成功的地方。他认为人生的乐趣就在于永远不知道明天会发生什么，各种可能都有，充满无数挑战才有意义。生活充满着很多可能性，成功者更享受规划将来的乐趣而非现有的成就，他们会为未来的各种可能性而充满干劲儿，但是对于现状他们会很容易感到厌倦并且想要改变。

其实每个人的一生都是机缘暗藏，玄机四伏，只是可能当时的我们茫然不知。人生时刻充满变数，也许当你正春风得意的时候，下一秒就飞来横祸，也许在你身处逆境时幸运之神就会降临，它们为我们平淡的生活增添了一些绚丽的色彩。

大学时的乔布斯就退学了，但当时的里德大学提供了全美国最好的书法教育。整个学校的每一张海报，每一个抽屉上的标签，都是漂亮的手写体。乔布斯闲来无事，就决定选一门书法课，学学怎么写好字。他学习了各种衬线和无衬线字体，学习如何改变不同字体组合之间的字间距以及如何做出漂亮的版式，似乎他对这些很感兴趣。

但乔布斯当时其实并不指望书法在他以后的生活中能有什么实际意义，他只是被那种科学永远无法捕捉的美感和艺术的精妙所吸引。然而在乔布斯设计第一台计算机时，却恰好是书法艺术给他带来了灵感。他把美妙的艺术融进了 Mac，它是第一台可以排出漂亮版式的电脑。其实仔细研究"苹果"的各种产品，iMac、iPod、iPhone 等，它们无不堪称艺术品。

乔布斯说："如果我没有退学，我就不会去书法班旁听，而今天的个人电脑大概也就不会有出色的版式功能。原本想不到的点点滴滴竟然穿起来，在生活中起了重要的作用。"乔布斯的经历告诉我们，每一次人生经历都不是徒劳的。如果你能用心审视，就会发现那里隐藏着开启未来之门的钥匙。人生中的各种经历都会让人成长，而在成长的过程中，你自身蕴藏着的潜力也就会被激发出来为你所用。

对于所有人来说，明天都是个未知数，没人知道明天会怎样。谁也不会想到，一个连大学都没读完的人会成为叱咤风云的大人物。只要你努力，也许你就能成为下一个乔布斯。社会就是由无数的可能变为现实而不断发展的。与其把人生过得平淡、无趣，不如挑战这充满无限可能的人生，或许它能够给你带来别样的人生体验。

一切皆有可能

常言道："一切皆有可能。"人生的轨迹并非命中注定的，并且每个人的轨迹也不同，这更说明了人生的不确定性。

栾菊杰是中国第一代奥运击剑冠军。当时 50 岁的栾菊杰正准备代表加拿大参加北京奥运会，在竞争异常残酷的现代运动赛场上，一个退役 20 年的击剑运动员，无论力量、反应、耐力都已经呈明显下滑趋势，却要去和如日中天的剑坛新锐们一较高低。刚开始时，她排名只有世界 400 多名，根本没有资格参加奥运会。但是她怀着坚定的信念，乘坐长途火车往返于一个个欧洲城市打各种比赛，最终她取得参加奥运会的资格。她用奥运会击剑第十几名的成绩来证明即使她50岁，也可以从零开始，50岁的人生仍然充满可能性。

不只是栾菊杰，我们的生命中都充满了无限可能。比如你本可以成为一名记者、教师，或医生，也许你会这样过，也许你会那样过，但是我们只能选择一种。你选择了这样，就注定错过了其他；但反过来想，你如果选择了其他，也就错过了现在的这个。所以说，错过的同时，也是拥有。生活永远是不断地寻找和错失，这样才充满无限希望。

生活是神奇而神秘的，就像当时乔布斯并没有看到学习书法的价值，没有想到书法竟然让他拥有了那么大的优势。乔布斯的成功就是在面对那么多的可能时，努力奋斗把"可能"变为现实，而不是坐等机会。坚持奋斗的人生是不可估量的。

人生的每一个阶段都会面对不同的选择，也许你不同的决定就会创造不同的人生。面对命运，你所能做的就是用积极的态度做出正确的选择，让这个伟大的决定引领你走向辉煌的未来。

第四节　一定要解放思想

成功需要超凡的思维和观念，在当今变幻莫测的时代，如果你的思想还在被束缚着，那你是个可怜的人。一切皆起因于观念，改变观念，你就能改变命运。

转变观念，解放思想

在现代的企业和生活中，人们都强调"观念"，作家罗本森说："观念是一个人的信仰、想象、期望和价值的总和。它决定了事物在个人眼中的意义，也决定了人们处理事情的方式。"在日常生活中，我们习惯于顺着事物发展的方向去思考问题和解决问题，通常我们叫它顺向思维。因为它符合常理、常规、常情，有利于人与人之间的理解和沟通，所以它比较容易让人们达成共识，也就是惯性思维。有时候惯性思维方式似乎固定了人们的思维或者堵塞了人的思路，阻碍了人们的创新性思维的萌发。

当今社会瞬息万变，在这样的时代背景下，我们的观念也必须随之改变，改变得越快，成功得越早。历史的经验告诉我们，每一次转变观念的过程就是思想解放的过程。思想解放了，社会就进步了。

解放思想的关键是转变观念。解放思想，更新观念，并没有任何人拦阻你，也没有人限制你的自由，一旦你跳出禁锢的世界，你会发现窗外有蓝天。在"方格"内生活的人要勇于尝试，跳到"方格"外，看看外面那个多姿多彩的世界。

无论个人或家族，乃至民族都有其思维的惯性，惯性是我们从小培养而成的，我们习惯了被教育要统一思想，习惯了按照某种事先设计好的思路去思考，思想一旦出了轨道，便被视为异端邪说，甚至遭到批评封杀，在这种情况下，我们不敢有超出常规的思想。

人们发现一座无人居住的空房子外，一只鸟每天总是按时光顾。它站在窗台上，不停地以头撞击玻璃窗，每次总是被撞回窗台，但它仍坚持不懈。然而在鸟站立的那扇窗的旁边，另一扇窗却大开着，于是人们便得出结论：这是一只笨鸟。后来，有人用望远镜观察，发现窗子上沾满了小虫的尸体，鸟儿每次吃得不亦乐乎！人们不了解鸟儿的觅食方式，却用人类的思维定式去评判鸟儿的世界。

由此可见，人们在生活中一旦形成了某种固定的观念，形成了惯性的思维定式，就会束缚自己的手脚，限制住自己的思维，使其成为认识世界的障碍。

这就是为什么不是每个人都能够成为科学家或发明家。试想一下，你看见落地的苹果时，你会觉得它只是一种自然现象还是孕育了什么奥秘在其中呢？当然是自然现象，因为你习惯了。

当今社会，创新无疑成为最热门的词汇，社会的每个环节都在倡导着创新理念，"苹果"与创新几乎成了同义词，乔布斯的每一句话都被当作至理名言被人引用。

对有些人来说，创新、创造仍是陌生而神秘的，似乎它只是少数天才的专利。其实每个人的头脑中都有创新的因子，关键在于你的思想是否被那些世俗的规则所束缚着。看看"苹果"的每个创新的产品是否都是你没想到的或是不敢想的，但是，在乔布斯观念里就没有不敢想的东西。只有思想自由了，创意的灵感才会出现，不更新观念，就会止步不前。

乔布斯的思想好像插上了自由的翅膀，永远不被束缚。从改变传统电脑，到后来进军音乐领域，他没有采取传统的思维方式去进行研究。

一位哲人曾经说过："思维一旦有了翅膀，便没有什么不可能的事。"这对"翅膀"就是帮助我们冲出思维惯性，解开束缚我们传统思维的绳索，进行创造性或创新思维方式。乔布斯是"创新"的领导者，乔布斯的某种叛逆性决定将"苹果"带入了一个新的境界。他的朋友曾形容他说："他不愿意受任何东西的束缚，他只是做他想做的事情，即使他是一个愚蠢的人，他身上也有一种光环，让这种光环笼罩着你，让你激情四射。"

给思维插上翅膀

乔布斯更出色的地方是他在营销方面的天赋。以红遍全球的iPhone 为例，为提升 iPhone 销量，扩大市场，苹果公司将一款上市两个多月，存储容量为 8GB 的 iPhone 智能手机的价格从 599 美元下调至 399 美元，这降价的速度及幅度如此之大，估计除了乔布斯很少有人敢想敢做。受降价消息影响，苹果公司股票在两天内下跌 6 个百分点，公司市值蒸发 80 亿美元。

苹果公司上下都怀疑这个决定，它可能让"苹果"再次陷入危机，而乔布斯坚称 iPhone 降价是一个正确的决定。他向这些用户道歉并表示苹果公司将向零售和在线商店发放面值 100 美元的代金券予以补偿，还规定，凡在降价前 14 天内购买 iPhone 的顾客，可持原始票据按差价领取退款。

乔布斯再一次证明了自己的高明。"苹果"发布了 2007 财年第四季度财报，报告显示，得益于 Mac 计算机、iPod 音乐播放器和 iPhone 智能手机的热销，"苹果"第四财季净利润同比增长 67%，超过了分析师的预期，苹果公司股票价格上升 7%，创下了 186 美元的新高，市值达到 1620 亿美元，首次超过了 IBM 公司。

对乔布斯而言，iPhone 不仅仅是一个电子产品，而是他全新商业模式的支点，是整合苹果公司软件、硬件和销售平台三方面优势的结果。通过 iPhone 巩固扩大苹果逐步建立起来的影音娱乐节目销售帝国，这才是 iPhone 降价的真正目的，也是乔布斯的大战略。

世界在进步，社会在变迁，当今时代是一个风云激荡、机会频生的时代，也是一个奇迹迭出、创意无限的时代。在这种竞争环境中，人类也毫不例外地遵循着达尔文提出的"物竞天择，适者生存"的道理。在一个竞争如此激烈的时代里生存，创新就显得尤为重要。创新直接关系到一个人的未来是"生"是"死"，因为只有创新才能拯救自己。

成功是没有规则可言的，如果你墨守成规，等待你的只有失败；如果你稍微动一下脑筋，对传统的思维方式进行一番创新，也许就能获得成功。乔布斯认识到了这一点，并把它贯穿到每个产品当中。解放思想的关键就是要大胆地抛弃落后的观念，及时地破除陈旧的思想，做到敢想敢干，敢破敢立，敢拼敢闯。

成功最重要的步骤，首先不是采取行动，而是转变观念，有些事便会在一夜之间被彻底改变。正所谓"角度转变观念、高度决定视野、尺度把握人生"。21世纪不是一场技术的革命，也不是一场产品的革命，而是一场观念的革命。正是因为拥有创新思维，才使一个人与众不同。

一个人的观念可以引导人生，这种观念受个人能力和现实的影响。如果你拥有一些潜在的能力和才华，并且也想让它们发挥作用的话，那么现在就将思考天赋与实际结合起来。因为人的行为都是受观念支配的，不同的思想观念，会产生不同的行为结果。同时，人的思想观念的形成和发展又受客观环境和社会现实的制约，人们必须针对客观情况，及时调整和转变自己过时的观念。

你的想法、观念将影响你的一生。正确的观念才能促成正确的行为。只要你愿意，改变自己不合时宜的想法、观念及生活方式，你就可以创造不一样的人生。

第五节　有些成功是因为变通

如果你希望自己有所成就的话，那么就请你学会变通，在撞了南墙之后要细细思量，不撞南墙不死心不是执着，而是愚蠢。

学会变通

世界是在发展变化的，我们每天面对层出不穷的矛盾和变化，是刻舟求剑以不变应万变，还是采取灵活机动的变通方式，这是我们要确立的一种做人做事的态度。学会变通，是做人做事之诀窍。所有事物的发展都不是一条直线，聪明人能看到直中之曲和曲中之直，并不失时机地把握事物发展的规律，通过迂回应变，达到既定的目标。

人生旅途中有平坦的大道，也有崎岖的小路；有春光明媚万紫千红，也有寒风凛凛万木枯萎。在生命的逆境里，我们需要执着。然而，当面前就是万丈深渊之时，还固执前行就意味着自取灭亡。人类之所以是万物之灵长，是因为人类有思想，这就是人区别于其他动物的根本原因。

懂得变通的人可以把难事变为易事，不会变通的人可能就会弄巧成拙。所谓"变通"，其重点就在于"变"字，就是改变方式、思维、态度，探索新的出路。"变"能时刻掌握胜利的主动权并且创造机会，不知改变，往往就会变得被动，所谓天才的思维就是具有超凡的灵活性和创造性。

学会变通意味着要改变自己的思维定式。人的思维方式常常出现两大定势：一是直线型，不会转弯，不会逆向思维和发散思维；二是复制型思维，常以过去的经验作为参照，排斥新鲜事物。生活中有不少自认为聪明的人没走上成功之路的原因，就是犯了这种固执的错误，没有走出直线的误区。

说起"变通"，这种理念在"苹果"的产品中无处不在，你永远都不会看见"苹果"重复出现一种东西，那对乔布斯来讲是不可原谅的。

如果不是乔布斯懂得变通，他也不会带领苹果走出数次危机。看看乔布斯和他朋友创业的故事。

当时的美国，许多计算机生产厂家都把研制和生产的重点放在大型计算机上，而乔布斯却决定另辟新路，将注意力集中到个人计算机上。

事实证明，经过长期艰苦的努力，他们终于在1976年研制成了一台家用电脑——苹果1号。当他们把这台电脑拿到俱乐部去展示时，立刻吸引了不少电脑迷，他们纷纷要掏钱购买，一下子就订购了50台。这时困难又出现了，他们没有足够的钱做成本，但是又不能放弃这个绝好的机会。为了生产50台电脑，他们跟几家电子供应商商谈，以30天的期限，向电子供应商们赊购了2.5万美元的零件，结果在29天之内就装配了100台家用电脑，他们用50台电脑换了现金，还将借款还给了供应商。

懂得变通让他们把局面打开了，订单源源不断。他们认定家用电脑的发展前景是广阔的，于是打算成立一家公司，专门生产家用电脑。可是创建公司不是凑点钱或是借钱组装电脑那么简单，需要大量的资金，于是他们决定找投资商。

学会变通要借助外力为我所用。一个人不管自恃有多大本事，个人的力量毕竟有限，不过却可以借用外力，使自己强大起来，这也算是一种变通。

他们的想法得到了投资家马库拉的帮助，由于马库拉曾经在一家电子产品销往世界各地的公司工作过，因此他知道一种新产品的出现会给世界带来什么样的轰动效应。

乔布斯没有找错人。一个人对自己充满信心的时候，常常就是他获得成功的时候。乔布斯就有这样的自信，他和沃兹向马库拉展示他们新设计的电脑产品，描绘了他们公司的发展前景，最终说服了马库拉。

马库拉决定留下来帮助他们，给他们起草商业发展规划，指导他们从一个新的起点开始创业。马库拉投资9.1万美元，然后又以自己的名义向美国商业银行贷了25万美元。然后，乔布斯他们又开始了游说活动，募集到了60万美金。

这样，1977年，"苹果计算机公司"正式宣告成立。马库拉担任公司董事长，乔布斯任副董事长，斯科特任总经理，沃兹任副总经理。他们将办公地点从汽车库里搬了出来，又网罗了各方面人才，进一步研制和改良家用电脑，不久就向市场推出了"苹果2号"和"苹果3号"等个人电脑新产品。

"苹果"是变通取得发展得很好例证。很多人都想像乔布斯一样自己创业，但创业的路注定是曲折的，可能别人走的路对你来说就是死路，这时你要冷静思考一下，此路不通行彼路，何必撞得头破血流呢？

诸葛亮说："善出奇者无穷于天地，不竭如江河。"他是告诉人们，在环境变化或者形势变化的时候，你的处世方式也应该随之改变，善于变通的人不会轻易被打败。

改变自己，适应生活

除了变通之外，一个人要想成功，还要不断地去适应，这就需要我们学会改变自己。变通是智慧的表现，你要懂得用变通来适应突如其来的变化，在面临困境时要想绝处逢生，就必须改变自己的思维和状态，想出办法来脱困。有些问题从表面上看来似乎是无法解决的，但若能变换一种角度，用新的思维习惯去看，就会豁然开朗。

西方有一句谚语："上帝向你关上一道门，就会在别处给你打开一扇窗。"只要我们接受变化，并且随之改变自己的思维习惯，善于改变自己的观念，就能走出困境，进入新的天地重新翱翔。

摩斯年轻时的梦想是当一名艺术家，他从英国皇家艺术学院毕业后，信心十足地来到美国准备开使他的艺术生涯。但由于他的画太过于表现浪漫主题，趋向于欧洲风格，并不太适合讲求实际的美国。在1837年，美国政府委托画家以历史画装饰国会大厅。国会成立了一个委员会，准备挑选四位艺术家进行这项重要的工作。摩斯希望自己能是其中一员，可是由于风格相差太多没有被选上。

经过这次失败，他决定重新思考人生的定位，他的艺术风格没办法改变，美国的大背景也没办法改变，但是可以重新选择一下职业。摩斯想起几年前到欧洲旅行回来时，在船上和几个朋友谈到新发现的电磁现象，他决定以此为方向，研究"电"。在历经无数次的失败后，摩斯终于发明了"电报"，为人类通讯做出了巨大贡献。

摩斯的成功在于他懂得什么更适合自己，有些路已经走不通了，就没必要非得往南墙上撞，弄得头破血流、丧失信心。只要愿意静下心来，重新找到自己奋斗的方向，你就会发现条条大路通罗马。

变通是一种难得的才能和智慧，以变化自己为途径，最终通向成功。古今中外成大事者并非全是智商最高、学问最好的人，但是他们懂得根据时势而变通。

有些人智商高、学问好、家庭背景好，终生努力却无所成就，其根源只有一个：不知变通。像乔布斯这样具备变通的才能，哪怕没学历、没背景，也能创下丰功伟业。如今在变化概率日益增多和变化不断加快的新时代，每位成大事者都应该懂得这样一个道理："不变不通，一变万事通。"正是因为乔布斯懂得变通，所以才有了今天的"苹果"。

乔布斯不是一个一条路跑到黑的人，他在发现行不通的时候就会果断回头，最后终于取得了胜利的果实。他的经历告诉我们，人生危机与转机，往往只是一线之间，看你如何取舍而已。

变通是无处不在的，一个人需要靠变通来获得成功，一个企业需要靠变通来获得效益。变通并不是放弃，而是换一种角度去思考、去处事、去生活，它引导我们取得另一种成功。生命中需要有所变通，处事变通方能成就梦想。

在这个多变的社会，几乎每个人都在时时刻刻地寻求变通。所不同的是，善于变通的人越变越好，而不善于变通的人却越变越差。可见变通也是需要智慧的，它并不是一味地求异。我们只要掌握了变通之道，就会对各种变化应对自如，就会在变化中发现机会，取得成功。

第 6 章

专注和细节——
奇迹就在无意中发生

想有所进步，你必须让生活充满积极的想法，无论任何在情况下，如果一个人热爱自己的工作，就会每天尽自己所能力求完美，试着超越自我。其实，还有许多的困境是我们尚未遇到的，因此我们应该随时主动学习，以弥补自己的不足，只要每天超越自己一点点，成功便会出现在你的眼前。这条路注定是崎岖的，需要我们有勇气，关注细节，讲究方法，成为一个卓越的人。

第一节　用专注的态度去做事

只有专注，才能把每件事情做到极致。

最大限度地发挥自己的积极性

小时候，当有人问我们：长大了想做什么？我们的回答总是多种多样，今天是画家，明天是作家，后天又是个什么家，因为童年的我们梦想太多，总是在变。长大的我们也大都没实现儿时的梦想，当然理由很多，但其中肯定有一条，那就是我们的生活缺少了一种专注的态度。

这里所说的"专注"，就是集中精力、全神贯注、专心致志。一个专注的人，往往能够把自己的时间、精力和智慧凝聚到所要干的事情上，从而最大限度地发挥自己的积极性和创造性，努力实现自己的理想。

乔布斯专注于他所热爱的"苹果"产品及其为消费者带来的体验。乔布斯曾在见到一款厨房家电产品后，着迷于其设计，要求"苹果"设计人员参照该家电的设计来打造 Mac 电脑。还有一次，他希望 Mac 能像一辆保时捷跑车。Google Android 手机操作系统则以开放性为旗帜，"苹果"拒绝接纳 Adobe 的态度也激怒过不少科技界人士。"苹果"对这些批评却毫不在意，公司只专注于推出好产品、带来更好的用户体验。

乔布斯意识到，对未来的消费类电子产品而言，软件都将是核心技术。坚持做操作系统和那些悄无声息的后端软件，比如 iTunes，这样"苹果"才不至于像 DEll、惠普或索尼那样，因为等待微软最新操作系统的发布而延迟推出硬件产品，只能看着微软干着急。这也是消费电子巨头索尼在随身听市场不敌"苹果"的原因之一。

股市内有一句话：万鸟在林，不如一鸟在手。既然选定了一项事业、一份职业，就应该专注地投入进去。这种态度是决定我们成功与否的关键，是对于完美的追求，是对于事业精益求精的追求。专注是一种态度、一种习惯、一种精神，更是一种境界。乔布斯更是把这种境界发挥到了极致。唯有志存高远，学会经营自己的强项，才能坚定信念和追求，专心一处，终将成功。

乔布斯身边的人对他的评价是"他是一个专注的人"。专注精神对于成长型企业尤为重要。往往你的成功并不体现在你拥有多少智慧、掌握什么技能，而仅仅在于你比别人多了一份执着和专注。

科技界也有很多人把"苹果"视为一家封闭性的公司。他们质疑一个只专注于音乐播放器和创意手机的公司，如何能立足于飞速更新换代的今天。10年下来，苹果仅做了5个型号的音乐播放器和两款手机，提起iPod，想必大家都知道，因为它早已引领电子消费的潮流，虽然这些年iPod只出过iPod, iPod Mini, iPod Nano, iPod Shuffle, iPod Video这5款产品，而手机也只推出过iPhone; iPhone3G两款型号，但是，不管是哪个产品，都被当作艺术品来追捧。乔布斯做产品的思路就是专注，所有的研发、市场和推广，它们在一段时间里肯定专注在一个产品上，甚至只有一个型号、一种颜色。事实证明，这种专注让他取得了成功。乔布斯的这些成绩不能不令人佩服。"欲多则心散，心散则志衰，志衰则思不达也。"乔布斯坚信只有专注，才能把握成功。

乔布斯说："苹果是一家价值300亿美元的公司，但我们的主要产品却少于30种。我不知道这种事情过去有没有发生过。但我们知道，过去那些了不起的电气公司都拥有数以千计的产品。我们相比之下要专注得多了。人们以为'专注'的意思就是对你必须关注的事情点头称是。这并不是'专注'的全部内涵。"可见乔布斯对于"专注"有着独特的理解。

乔布斯还说:"对于那些我们做了的事情和那些我们没有做的事情,我都同样引以为傲。这里有一个再贴切不过的例子:很多年以来,我们都迫切地需要做出一款PDA产品,而终于有一天我意识到,90%的PDA用户只是在路上把信息从里头调出来而已。他们不会把信息放进去。没过多久,手机就实现了这样的功能,于是PDA市场就萎缩到了今天的规模。所以我们决定不进入这个领域。如果我们选择了跟进,我们就没有资源去开发iPod了。我们基本上会连它的影子都见不着。"对于像乔布斯这样的人来说,他相信世上无难事,成功的秘诀在于专注。当然,专注也是成功者最可贵的素质之一。

现实生活中也许有很多事让人们疑惑不解,为什么许多成功者大都资质平平,却取得了远远超过人们预期的成就?其实原因很简单,他们能专注于一个领域,集中精力,尽量回避自己的劣势,发挥自己的优势。而那些所谓智力超群、才华横溢的人却仍在四处涉猎,永远无法关注于一个目标,最终一事无成。

"人的思维是了不起的,只要专注于某项事业,那么就一定会做出使自己都感到吃惊的成就来。"这是美国著名作家马克·吐温的名言。

盛大网络董事长兼首席执行官陈天桥总结出自己的两大成功密码:"第一是专注,第二是节奏。"这点和乔布斯的思想不谋而合。

陈天桥真正的发迹是从《传奇》这个网络游戏开始的,但是他在开始自己的传奇人生之前,也曾经被诱惑过——被各种各样的挣钱机会诱惑过。游戏《传奇》想必很多人都玩过,这款网络游戏的流行是和陈天桥的名字分不开的。与房地产、汽车、金融等行业相比,网络游戏是很不起眼的,除了游戏玩家之外,很少有人关注。在这样的背景下,陈天桥开始了他的创业之路。这家国内最早从事专业网络卡通的企业，在短短几个月中竟拥有了100万左右的注册用户。

在功成名就之后，陈天桥告诉前来取经的创业者："当你认准一个方向的时候全力以赴，只有专注的企业才能成功，多元化的企业可以存活，但是很难成功。"这正是他有切肤之痛的经验之谈，他还说："一个创业企业往往都会有自己的灵感和自己的方向，我相信他们应该对未来充满信心。但我觉得他们最容易犯的一个错误，也就是我犯的错误，就是所谓的一上来对整个战术执行的时候多元化或者摇摆不定，不能专注地在某一点上进行突破。"

成功源于专注

今天社会分工越来越细，没有一个人、一个企业可以做到不论触角伸向哪个行业都能取得辉煌的成绩。要想在当今社会中有所成就，必须专注。陈天桥就只专注于网络游戏以及与之相关的动画和卡通等，而不涉及其他产业。现在，盛大网络公司已经在美国纳斯达克上市。可以说，盛大公司开始进入一个发展的快车道了。

业内人士对盛大大多给予了肯定的评价，"盛大之所以能成功，对机遇的把握很重要，但更多的是取决于在业务上的专注，这一点是非常重要的。我们的发展目标不是一蹴而就的事情，对目前的盛大来说，最重要的就是要致力于保证企业在行业内的核心竞争力。""一个企业创业，最容易犯的一个错误，就是不专注于在某一点上进行突破，比如，做一个网站，既可以做这个东西，又可以做那个东西，并且以之为荣，实际上什么都能做的企业往往什么都不能做。"可见盛大被人们欣赏的仍然是它的专注精神。

也许成功的机遇有很多，但真正能够被人抓住的却很少。一生专注一项事业，每天专注本职工作，像乔布斯和陈天桥一样，他们都因为专注而成就了自己的事业。

战场上的一位将军曾说："我们发现，在很多重要的战役中，成败的关键在于：一方是全身心地投入，而另一方却不够专心致志。"由此可知，专注不仅是一种精神，更是成功的基本素质。现在我们知道，很多伟大的成功者，他们成功的秘诀其实很简单，就是对事业充满热爱，对工作十分专注。只有专注的人才能坚持自己的道路，并创造出属于自己的成就。

当然，生活中也有很多不专注的人，他们总是在选择一个行业或一家公司后，不断后悔，于是又换了新的方向，他们把大部分时间用在选择、后悔、再选择中，永远无法集中精力做好本职的工作。但是人的精力是有限的，在你犹豫彷徨的时候你就落后别人一大截了。达·芬奇是从画无数的鸡蛋开始，慢慢成为一名著名画家的，爱因斯坦则是经过不断努力，从一个众人眼中的笨小孩，逐渐成了一名杰出的科学家。他们的成名不单单是机会、运气、天赋，更重要的是他们专注于自己认定的事业。

乔布斯说："我确信我爱我所做的事情，这就是这些年来支持我继续走下去的唯一理由。"是否具有专注的精神，决定了我们人生的高度。因为专注，我们才会发现自己在某一方面的潜力，着力展现自己最优秀的一面，争取在某一领域有所作为。同样，由于专注，我们可以避开自己的弱点，避开许多可能出现的一切麻烦。一生专注一项事业，每天专注本职工作，它会让我们的人生变得更有价值。

第二节　把一件事做透

人只要专注于某一项事业，那就一定会做出使自己都感到吃惊的成绩来，一生只做一件事，把一件事做透，才是成功人生的捷径。

把一件事做精、做透

如今，社会分工越来越细，在很多领域都需要有专业知识，才能更好地工作，所以"一门精"是一种很好的选择，也是我们在工作中能够做到得心应手的必备条件。

在经济全球化的今天，可以说是八仙过海各显神通，尤其是像"苹果"这样的 IT 行业，全世界各路高手都云集在这个市场上，互相比恒心、比技术。电子市场是一个大千世界，这些高手可以说各有本领，不遗余力地想要在今天的世界占有一席之地，你可能是行业的高手，但是人的精力是有限的，不可能样样精通。其实只有专注于一样，把它做精、做透才有希望。

成功并不是说你需要样样精通，只要你能把一件事情做透了，假以时日定能成功。就像天之骄子莫扎特，他除了音乐，其他的一概不会，他就是为音乐而生的。生命有限，经不起太多的浪费。如果人的一生中能集中精力做好一件事情，那就是一个真正的成功者。

大家一定都看过北宋欧阳修所写的一则寓言故事——《卖油翁》。

康肃公陈尧咨擅长射箭，当时没有人能比得上他，他也凭着这种本领自我夸耀。一次，他在自家的园圃里射箭，有个卖油的老翁放下挑着的担子，站在一旁，轻视地斜着眼看他，很久也不离开。老翁见到他射出的箭十支能中八九支，只是微微地点点头，略微表示赞许。陈尧咨问道："你也懂得射箭吗？难道我射箭的技艺不精湛吗？"老翁说："没有什么别的奥妙，只不过是手法熟练罢了。"康肃公气愤地说："你怎么能够轻视我射箭的本领！"

老翁说："凭我倒油的经验就能懂得这个道理。"于是老翁取出一个葫芦放在地上，用一枚铜钱盖住葫芦的口，慢慢地用勺子将油通过铜钱方孔注到葫芦里，油从铜钱的孔中注进去，却不沾湿铜钱。接着老翁说："我也没有什么别的，只不过是手法熟练罢了。"康肃公看着老翁无话可说了。

有句古话说："门门通不如一门精。"这是劝告为学者无论做什么事都要"术业有专攻"。

看过武侠小说的人都知道，在武林之中，即便是顶尖高手也不可能十八般兵器样样精通，他们之所以称之为高手，一般都拥有自己的撒手锏。高手尚且如此，我们作为一般人更要有一技之长了。

微软董事长比尔·盖茨是与乔布斯一样的成功人士，但盖茨行事作风与乔布斯的主要区别在于，从来不会过于专注某项产品，他更喜欢研究如何让微软产品占据市场优势地位。为达到这种目的，盖茨会面向市场推出或取消某项产品。相对而言，乔布斯就不会这样做，他对于产品是一种专一而精益求精的态度。

做什么事情都需要有一种钻劲儿。一心无二用，干事情若能够聚精会神、心无旁骛，还怕有什么艰难险阻会挡住我们前行的脚步吗？事事专注，就能够观察到每件事情的精妙之处，同时能够把握全局。有的时候，即使你觉得已经做得够好了，但是，只要你再努力一步，也许你就会发现你的回报要比付出多许多倍。

一个人的精力是有限的，一辈子能做成一两件事就很不容易。就是这一两件事，要做好，也必须全身心地投入。人们往往想做的事很多，能做的事很少，能集中精力做好一件事就不容易。成功的关键也在于此，如果涉猎的面太广，什么都懂什么都不精，就很难有大的作为。如今我们处在一个多元化、开放、张扬个性的社会，那么工作时间不长、急于成功和得到社会的认可的年轻人，应该静下心来，认定目标，确定一辈子要做的一件事，从点滴开始，专注此事，并且要把此事做透做好。

把一件事做到极致

有一个小故事说，森林里有一种鼯鼠，能飞却飞不远，能爬树却爬不快，能挖洞却挖不深，它虽然有一身本事，却个个都不精通，很容易成为食肉动物的口中餐，它吃亏就在于没有把一门技术学精。还有，如果贪心的猎人要追五个方向跑的兔子，也只能一无所获。同样的道理，这个社会是多元化的，各种尖端科技在推动着各个领域的发展。

显然，能够跻身尖端科技领域的都是"一门精"的人才，而"门门通"的人在这一领域只能望洋兴叹。古人讲，凡是掌握了一门技艺，无论是做什么的，都可以成名。这就告诉我们要有一技之长。过去老人常说："纵有家财万贯，不如薄技在身。"这是最实在的道理。可见成功的标准不是你会多少东西，而是你是否能把你会的做到最好。

苹果公司的成功是有目共睹的，乔布斯说："'苹果'的目标是制造世界上最完美的产品，而不是成为全球最大或者最富有的公司。""苹果"不是全球最大的公司，而且它涉及的领域也只是电子行业，但这并不是苹果公司没有实力发展其他行业，而是像乔布斯所说的那样，"苹果"的目的不是成为最大的公司，但却是最完美的公司，它只需精通这一行就够了。

任何行业都值得你花一辈子的精力去钻研和奋斗。任何一个大师级的人物，都只是自己所属领域内的大师。乔布斯最聪明的地方不是他做了什么，而是他知道不做什么。

意大利著名男高音歌唱家卢卡诺·帕瓦罗蒂被问到成功的秘诀时，他总是提到父亲的一句话："如果你想同时坐在两把椅子上，你可能会从椅子中间掉下去，生活要求你只能选一把椅子坐上去。""选定一把椅子"，就是告诉我们要专心致志地干好一件事，多么形象而又切合实际的比喻啊！只要你一心一意地向着一个目标专注前行，百折不挠，一定不会失败。

人的一生是短暂的，不容我们有过多的选择，那些左顾右盼、渴望拥有一切的人，往往因为目标不专一，最终两手空空。

在人生道路上，我们会面临诸多的选择，特别是在涉世之初或创业之始，选择尤为重要。一旦看准了方向，选定了目标，就要矢志不渝地走下去。哪怕这条路崎岖不平，障碍重重，同行者寥寥无几，你都要学会忍受孤独和寂寞，朝着一个方向不懈努力。

人生也会存在很多诱惑，在诱人的岔路口，你必须不改初衷，心无旁骛地坚定信仰和超然气度将它走完，一直走向美好的未来。一个人只要精通一件事，哪怕是一项微不足道的技艺，只要他做得比所有人都好，那么也能获得丰厚的回报。假如他集中精力，坚韧不拔，将微不足道的技艺发挥到极致，他也会取得成功。

无论如何要记住一点，成功没有捷径。你必须把卓越转变成你身上的一个特质，最大限度地发挥你的天赋、才能、技巧，把其他所有人甩在后面。而这种卓越就是专注和技能。严格要求自己，把注意力集中在那些将会改变一切的细节上，不断增强自己的优势。只要你集中精力，把一件事情做透做好，你就会获得完满的回报。

第三节 完美主义没有错

我知道我的一生没有那么多的时间尝试所有的事情，我能做的就是把所做的事情做得无懈可击。

没有最好，只有更好

完美不是一个具体的指标性东西，是一种态度，因为完美是永远不存在于现实之中的，它存在于我们每个人的思维里。任何值得做的事，都值得做好，任何值得做好的事，都值得做得尽善尽美。在生活和工作中，我们用完美来激励自己。完美是无止境的，就像一句广告语一样：没有最好，只有更好！这就促使我们不断地去追求完美。

每一个人都有追求完美的心理，追求的过程也是美好的，不一定苛求这是一个完美的结局，重要的是我们追求的态度，为我们的成功创造了条件。追求完美是人类自身在渐渐成长过程中的一种心理特点，或者说是一种天性。假如人只满足于现状，而失去了这种追求，可能生活就没有那么多的精彩了。我们对事物总要求尽量完美，愿意付出很大的精力去把它做到天衣无缝，成功就需要这种几近疯狂的追求精神。

乔布斯能够成功就是因为他在不断地追求完美。对于他来说：只有A计划，所以要把它做到极致。在进入一个新的领域时，只倾注全力打造一款产品或服务，没有备选方案，没有退路。这样才能将最好的创意和技术倾注到一款产品上，比如 iPod、iPhone 都是如此。

门捷列夫说："追求完美是前进者最好的动力。"人生一世，每个人都在追求完美人生。怎样才算完美？它们真正的定义又是什么？那些成功人士大多存在追求完美和理想主义的倾向，他们做事认真、严格，往往对自己要求过高，有强烈的责任感，他们甚至不允许自己犯任何错误。由于他们具有不断追求完美的欲望和激情，因此最终获得了成功。

当今社会竞争激烈，是否完美往往决定了你的成败，乔布斯就深知这点。西方的《圣经》里面说："上帝要求我们完美，所以我们应该是完美主义者！"乔布斯也许不是基督徒，但他被人称为"残酷的完美主义者"。对完美的疯狂与忘我是乔布斯的信念，他的完美主义给他的团队和合作伙伴树立了标杆。在这种"完美主义"信念的推动下，他将"苹果"带入了一个不断追求完美的过程。

每一个人的一生中至少应该有一次受到一个疯狂追求完美的人的影响。乔布斯的完美主义，尤其体现在"苹果"新产品的研发中。当时在"苹果"负责MacOS人机界面设计小组的柯戴尔·瑞茨拉夫 (CorDEll Razzlaff) 认为，将丑陋的旧界面装在优雅的新系统上简直是个耻辱，于是他很快便让手下的设计师做出了一套新界面的设计方案，新界面尤其发挥了 NeXTs_cep 操作系统强大的图形和动画功能。但现在没有资源也没有时间去将这个新界面植入 MacOSX 了。

数月后，"苹果"所有参与 OSX 的研发团队在公司之外召开了为期两天的会议。会上，人们开始怀疑如此庞大的新系统能否完成。当最后一个发言的瑞茨拉夫演示完新界面的设计方案后，房间里响起了笑声，"我们不可能再重新做界面了。"瑞茨拉夫回忆道，"这让我非常沮丧。"两周后，瑞茨拉夫接到乔布斯助手的电话。乔布斯没有看到这个设计方案——他没有参加那个会，但现在，他想看一眼。这个时期，乔布斯还在进行他对所有产品团队的调研。

瑞茨拉夫和手下的设计师们在一个会议室里等着乔布斯出现，但他一露面，随口而出的却是："一群菜鸟。""你们就是设计 MacOS 的人吧？"一向以追求完美著称的乔布斯生气地问道，他们怯怯地点头称是。"好嘛，真是一群白痴。"乔布斯一口气指出了他对于老版 Mac 界面的种种不满。乔布斯尤其讨厌的是，打开窗口和文件夹竟然有 8 种不同的方法。"其问题就在于，窗口实在太多了。"瑞茨拉夫说。

乔布斯、瑞茨拉夫和设计师们就 Mac 界面如何翻新的问题进行了深谈，设计师们把新界面的设计方案展示给了乔布斯，会议才算圆满结束。"把这些东西做出来给我看。"乔布斯下了指令。设计小组夜以继日地工作了3个星期来创建软件原型。"我们知道这个工作正处于生死边缘，我们非常着急。"瑞茨拉夫说，"乔布斯后来来到我们办公室，和我们待了整整一下午。他被震住了。从那之后，事情就很清楚了，OSX将有个全新的用户界面。"乔布斯对他曾经跟瑞茨拉夫说的一句话依然印象深刻："这是我目前在'苹果'所看到的第一例智商超过3位数的成果。"瑞茨拉夫对于这句赞扬喜形于色。对于乔布斯而言，他要是说你的智商超过100，这就是莫大的认可了。

乔布斯并不是一个技术人才，却是"一个技术标杆"。在"苹果"新品研发过程中，那些有着强烈自尊的工程师常常难以忍受乔布斯的"吹毛求疵"，以至于有一种说法，"没有人可以跟乔布斯合作一次以上"。无论是"苹果"的技术员，还是合作伙伴，都深深地认可乔布斯的能力，乔布斯的完美主义让他们做出一些奇迹般的成果，即使那些他参与不多的产品，也会因为他的最终审核而大大提高水平。

享受力求完美的过程

"完美"是很难做到的，可乔布斯之所以不同于其他人，就是因为他有着这种坚韧及执着的精神。完美是每个有志者共同的追求。球王贝利有句话常挂嘴边：追求完美。当年，他射入第1000个球时，有记者采访他问："你觉得你踢得最精彩的球是哪一个？"他的回答出人意料："下一个。"这也许就是人们对于完美的信念和追求。

从事体操吊环项目多年，在人才济济的体操界，陈一冰是个大器晚成的运动员，21 岁才获得世锦赛冠军。2008 年，陈一冰夺得北京奥运会吊环项目金牌，有人用完美来形容他的表现。陈一冰却说："只是发挥出了自己的正常水平。""对我来讲，至今还没有特别完美的一套。""只有不断挑出自己的毛病，才会有进步。""自己也是自己的对手，希望自己都有一些进步。"完美，虽然几乎不可能做到。但是，追求完美就有了目标，有了目标，人生就不再迷茫，可以朝着自己的理想而奋斗，虽然很难做到完美，但是至少离完美不远了。

其实"完美"并没有一个确切的定义，"完美"是一种象征，一种境界。如果说我们的人生是海上颠簸的小船，那么"完美"就如同远方的灯塔，指引着我们乘风破浪，勇往直前。"完美"如同闪光的梦，使我们的心变得更加年轻，不知疲惫地向着目标攀登。

人生有目标是幸福的，追求完美就是一种幸福，你追求得越是执着，你的心就会越充实，它甚至比成功还要美好得多。比如，乔布斯的完美主义就创造出了一个个震惊世界的"i"系列产品，iMac，iBook，iPod，iPhone，iPad……

有人问，为什么要追求完美呢？因为追求完美的过程可以愉悦我们的思想，锻炼我们的意志，净化我们的心灵，陶冶我们的情操，体现我们的才华，这就是追求完美的真正意义。

苏轼说："人有悲欢离合，月有阴晴圆缺，此事古难全。"就是说，世界上的很多事情自古难以周全，我们无法拥有一个完美的人生终点，但能有一个力求完美的过程。凡事要向最好处努力，这样你就可以拥有一个不一样的人生。

第四节　成功是细节之子

只有对细节感兴趣，才能创造出伟大的产品。

把握了细节就把握了成功

有句话说："细节差之毫厘，结果谬之千里。天下大事，必作于细；天下难事，必成于易。"成功与失败的差别或许就在于细节，谁把握了细节谁就把握了成功，谁不注意细节就有可能与成功失之交臂。做事大而化之，不注重细节的人，无论做哪一种事业都很难取得成功，而小心谨慎，关注细节的人，他的事业也常常有不凡的成就。

"泰山不拒细壤，故能成其高；江海不择细流，故能就其深。"因此成功源于积累，细节决定成败。细节是平凡的、零散的，如一句话、一个动作、一个表情……细节很小，容易被人们所忽视，但它的作用不可忽视。成功和失败，往往只有一步之遥，一个小小的误差就可能使导致功败垂成。

关于乔布斯曾经有过这样的一则报道：新产品的一切工作都已完成，只待发布。乔布斯仅仅因为一个不起眼的细节而要求一切推倒重来。正是这种近乎残忍的标准成就了"苹果"一个个令人惊叹的产品。乔布斯注重产品的每一处细节，他的这种作风让"苹果"用户得到完美的体验，因此成就了今天世人皆知的"苹果"。

细节作为整体的组成部分，尽管它往往不引人注意，然而一旦链条的一个环扣出现问题，整个链条的正常运转就会受到影响，但要把这零散的细节做好并非易事。细节决定成败，注意了细节才能把事情办得更加完美，注意了细节生活才会更真实更有意义，而忽视了细节，大事就会受影响，甚至受到不可弥补的损失。

苹果公司每推出一款产品都需要很长的时间，这让无数"苹果"迷们苦苦等待。但是，当一款产品问世后，我们才知道等待是值得的，"苹果"的产品堪称完美，无可挑剔。正是因为"苹果"关注每个产品从创意到销售的每一个细节，任何细小的环节都不放过。乔布斯更是一个在细节上苛求完美的人，每个细节他都会反复推敲，不断改进，这无数的细节促成了"苹果"的成功。

我们不得不佩服苹果公司在产品细节上的精准把握，比如大家熟悉的iPad：按键的阻尼，图标飞出的动画特效，删除应用程序的方式，翻书时的效果，快速进入相册的鲜花图标等都细致入微，更重要的是，iPad的触摸体验是所有的触屏产品中最好的，错误率极低，大幅度地提升了文字输入和游戏的体验，这得益于"苹果"工程师的认真校对。正是"苹果"的这种关注于每个细节的做法，才让"苹果"的产品独占鳌头。

差距从细节开始

乔布斯非常注意细节，斯卡利说："乔布斯认为应该重视产品的每一个细节，使产品设计和制造的每一个环节都能做到完美无瑕。"乔布斯曾经跟员工说，要把图标做到让他想用舌头去舔一下的程度。正因为有了像乔布斯这样严格要求细节的CEO，"苹果"才会长盛不衰。"苹果"的成功很大程度上归功于细节。细节是有力量的，这个力量甚至决定着我们的未来。完美主义者乔布斯说："不要小视这些细节，差距从细节开始，1%的错误可能导致100%的失败。"

曾经有一则令人震惊的新闻，美国哥伦比亚航天飞机升空80秒后爆炸，机上7名驾驶员遇难，而调查结果表明，造成这一灾难的"元凶"

竟是一块脱落的泡沫击中了飞机左翼前的隔热系统。应该说，飞机整体性能等许多技术指标都是没有问题的，一小块脱落的泡沫就毁灭了价值连城的航天飞机和7个宝贵的生命。

也许每个人都知道细节的重要性，但未必每个人都能做到在生活、工作中时刻关注细节，这些不起眼的"细节"总是被人们忽略。其实我们应该看到细节对于成败的影响，因此我们一定要行动起来，脚踏实地地从小事做起，从点滴做起，不轻易放过每一个细节。了解细节之精髓的人，是聪明的人；用细节来塑造自己的人，最容易走向成功。海尔总裁张瑞敏先生曾说过："把每一件简单的事情做好就是不简单，把每一件平凡的事做好就是不平凡。"可见，平凡的细节也能酿造不平凡的未来。

乔布斯总是对他的员工说："你不能问顾客需要什么后再给他什么，因为等你按照顾客的要求做出来后，顾客又会有新的需求，所以我们要把握好细节，超越顾客。"正是因为有这样的细节要求，"苹果"只要一推出新产品就会受到无数人的狂热追捧。

"这辈子没法做太多事情，所以每一件都要做到精彩绝伦。"可见，人可以精益求精地做一件事，细节成就了乔布斯，也成就了"苹果"。无论你完成何种工作，都少不了细节，无论你的生活如何，日子从细节开始。细节所蕴涵的意义是博大、深远，只要你珍视它，利用它，你就会取得不凡的成就。

一些细微的情节拼凑成了你现在的日子，所以不要轻视细节，它也是你今后成功的因素。只有从生活中的小事做起，日积月累，才有最后的收获与成功。总有一些细节会深深地打动我们，烙进我们的记忆，决定或改变我们对人和事的看法与态度，从而影响我们的人生。

第五节 关注小事成就大事

　　小事，并不是小人物的事。大人物每天做的事情，也是一些小事。所不同的是，大人物做的每一件小事，都是某一件或某一些大事的构成部分。

大事都是由小事积累而成的

　　世界上没有绝对的大事或小事，古语有云："不积小流，无以成江海；不积跬步，无以至千里。"可见，任何大事都是从小事入手，大事都是由小事积累而成的。生活中，有的人只想着干轰轰烈烈的所谓的"大事"，而不愿干平平凡凡的"小事"，结果只能碌碌无为，一事无成。

　　诚然，每个像乔布斯一样成功的领导者都怀有一颗成就大事的心，如果没有这样的心态，也很难付出努力。然而，我们要注意到他们都是从小事做起，重视每个细节的。正所谓做大事前，先把小事做好。

　　有人说"态度决定一切"，一个连小事都不愿做、做不好的人，他能成就多大的事业呢？就像古人所说："一屋不扫，何以扫天下？"也有人这样说："芸芸众生，能做大事的实在太少，多数人多数情况下只能做一些具体的事、琐碎的事、单调的事。也许过于平淡，也许鸡毛蒜皮，但这就是工作，就是生活，就是成就大事的不可缺少的基础。"现实社会也是如此，许多大事常常是由一件件小事组成的，就好像细流汇成大海，细沙连成沙漠一样。

　　乔布斯周围的人这样描述他：乔布斯是一位咄咄逼人、要求严厉、高度重视细节的管理者和控制狂。小事不小，这是时下人们经常挂在嘴边的一种理念，它告诉人们，无论做什么事情，都应从小处着手。但在现实工作、学习、生活中，要真正做到这一点，对每一个人来讲，并非一件容易的事情，这也正是乔布斯成功的基础。他在工作中从不忽视任何一件小事，认为小事并不是小人物的事。大人物每天做的事情也是一些小事。所不同的是，大人物做的每一件小事都是某一件或某一些大事的构成部分。乔布斯的行动也确实证明了这点。

他曾经亲自让广告代理商改掉某个广告文案第三段中的一个字，曾经3次改变所有苹果公司零售店的灯光布置，为的是店内的产品看上去像广告中那样熠熠生辉。对于乔布斯来说，企业战略起步于顾客走进店面、打量产品包装、打开包装，然后试用产品等看起来不起眼的小事中。

尽管有人批评乔布斯想控制一切细节，每件小事都不放过，实际上他并非对所有小事都感兴趣。乔布斯关心的只是与公司、顾客有关的细节及其带给顾客的体验。乔布斯不想等到产品出问题后再后悔：因为某一个小的环节没有做好，就忽略了一件小事，而导致整个产品的失败，甚至是整个公司的危机，他有责任不让类似的事情发生。

我们曾经也有过自己的梦想，而真正能够像乔布斯那样成为成功者，真正能干一番大事业的人很少。那些没有成名的人很大一部分并不是没有天分，而是他们认为，自己应该做轰轰烈烈的大事，好像只有做大事才能显示雄才大略，而忽略了小事。殊不知，做好小事是获得成功的基础。天下大事必做于细，大事皆由小事组成，离开小事，大事就只能成为空想。因此，我们一定要对"小事"引起足够的关注。

从小事做起

有一些浮躁的年轻人，他们想做一两件轰轰烈烈的"大事情"，希望让自己一下子取得成功，然后平步青云。这虽不是坏事，但是只想做大事情，不愿意做小事，甚至对小事不屑一顾是一种十分不成熟的心态。现在的我们当中又有多少人能不折不扣地去落实"从小事做起"呢？做好小事才能成就大事，这个道理每个人都懂，但不是每个人都能够做到。

法国银行大王恰科想必大家都知道，他也是一位像乔布斯一样成功的领导者，他们有什么相似之处呢？我们来看看恰科的一个故事。

恰科年轻时，到一家银行去谋职，可是一见面就被董事长拒绝了。当他失魂落魄地从银行走出时，看见银行大门前的地面上有一根大头针，便弯腰把它拾了起来。第二天，银行录用恰科的通知书出乎意料地来了。原来，就在他弯腰拾大头针的时候，被董事长看见了，董事长认为如此细心的人，很适合当银行的职员，小事看本色，于是决定雇佣他。恰科因此得以在法国银行界施展拳脚，成就了一番大事业。

小事情与大事业密切相关，"小事"虽小，抓实了就不小，抓好了就是大事业。比如，拾起地上的一根大头针是件微不足道的事，而恰被经理看见也属偶然，但就是这件微不足道的小事，体现了一种严肃认真的态度和一丝不苟的精神，因此这个人能够得到重用。我们所从事的事业是由千千万万的"小事情"组成的，没有"小事做好，实事做实"的态度，所谓的梦想就只是空中楼阁。

很多小事，一个人能做，另外的人也能做。要想比别人优秀，只有在每一件小事上比功夫。列宁说："要成就一件大事业，必须从小事做起。"鲁迅说："巨大的建筑，总是一木一石叠起来的，我们何妨做这一木一石呢？"这些至理名言值得我们深刻反思。若想在工作、生活中取得成就，就必须从大处着眼、小处入手，一切事业都必须从点滴做起。

在现实工作和生活中，每做一件事情实际上就是对自身素养、品行、学识进行一次锻炼。千万不要因为细小或者低微就鄙视它，无视小事，将使你失去一次锻炼的机会，放弃自身素质提高的可能。很多人渴望发现自己的价值，渴望取得成功，但却总是在苦思冥想，而不是从简单的小事做起，这样就失去了很多展示自己的机会和取得成功的契机。

乔布斯说："我不是生来就站在演讲台上的人，但我是生来就肯做小事的人。"乔布斯认为一个人能不能成大事，先要看他能不能做小事，会不会做小事。一个连小事、实事、具体事都做不好的人就没有资格领导整个公司。乔布斯的这种态度和精神是成就任何事业都必须具备的，只要拥有这种态度和精神，并且锲而不舍，不断累积，则必然会成就事业，创造辉煌。

第六节 适度"较真"，注重细节

一些有关乔布斯关注最微小的细节的故事可能会使你发笑，而同时也会确立一种我们都能用到的测量标杆。

适度较真很有必要

在2002年，当乔布斯试图说服谨慎的音乐行业跟他达成一项在线销售音乐的交易时，他同美国唱片业协会的主管希拉里·罗森有过接触。在接洽的过程中，一次会议上，她坐在乔布斯和几个正在设计苹果 iTunes 音乐商店的团队成员中间。这几个成员刚好带来第 n 次的修订版本给乔布斯过目。后来，她饶有兴味地描述她的惊叹之情："乔布斯来回花了大约 20 分钟和工程师们讨论如何在不超过 3 平方英寸的区域内放置 3 个单词才能取得最佳效果。他就是那么注重细节。"

《时代》杂志的一位撰稿人有过类似的经历。有一次他获准参加皮克斯动画工作室的一次会议，也同样对乔布斯对于细节的关注感到敬畏。迪士尼的一些营销人员在会上介绍了《玩具总动员 2》首映的宣传方案。用色彩编码的海报、广告牌、首映日期、电影原声碟和基于电影角色制作的玩具的促销项目，等等，乔布斯对这些都要眯起眼睛细细查看。乔布斯不断追问电视广告的日程、迪士尼乐园和迪士尼世界的活动以及工作室人员打算安排哪些电视新闻和访谈节目等十分细致却有针对性的问题。

这篇文章称，乔布斯是如此"投入"，以至于他"研读时间表时就像一个拉比（老师）在研究犹太法典"。这个作者对此无疑是记忆深刻。但是对于每一个与乔布斯一起工作过的人来说，他提出的问题并不令人惊讶。他就是那样，对于任何事情的细节都孜孜以求。

还有一个例子：乔布斯对细节的关注产生的影响，远非局限于迪士尼圣诞宣传表演是以小熊维尼还是巴斯光年机器人为主。对于 iPhone，设计团队尝试过的各种外壳的数目大得惊人，有些是几乎无法辨识的极其微小的调整，有些则是彻底的改变，有些要求外壳要由完全不同的材料做成。然后，在一个周末，离产品上市时间只有几个月的时候，乔布斯终于认识到一个痛苦的事实：他就是对他选择的外壳不满意。

　　第二天他开车去上班，心知他那已经夜以继日奋战不知多少小时的 iPhone 团队肯定会对他不满，但是没关系。乔布斯是产品创意的"米开朗琪罗"，他会不断地在画布上涂抹，直到他确信自己是正确的。

　　有时他管这叫作"按重启键"。施乐帕克中心的拉里·泰斯勒（那时他已经成为"苹果"的首席科学家）曾经说过，他不明白"超凡的个人魅力"的含义，直到他遇到乔布斯。当你像乔布斯一样信任你的产品和你的员工，你的员工就会忠诚于你。

　　据统计，"苹果"是"硅谷"留任率最高的公司之一，而且产品团队的留任率则更高。很少有人因为这里的工作时间或者工作环境而离开。而现在"苹果军团"知道自己面临不利的形势，当乔布斯说"这不对，我们必须抛弃，倒回去 10 步，然后弄清楚怎样做才是正确的"时，压力会加大，但是产品的确会变得更好。就是这种"较真"的态度，会使"苹果"度过重重难关，再创佳绩。也许在"苹果"根本没有什么事情在乔布斯眼里是不重要的，因此任何事情他绝不会不在意。

　　洛杉矶有一个叫伊恩·马多克斯（lan Maddox）的年轻人，他在 Syfy 台的电视剧《13 号仓库》工作组工作。

　　在此之前，他是帕萨迪纳市苹果零售店的销售代理和"钥匙扣"（即经理助理）。他在那儿工作后不久，一个工作组每天晚上会在最后一个顾客离开后出现。他们一片片掀起原来的地砖，重铺新的瓷砖——从意大利进口的深灰色花岗石。这种瓷砖是乔布斯自己挑选的，"对于一个零售店来说非常高档"，伊恩说。在完工几天后的一天清晨，零售店开门之前，所有的经理都高度戒备地走来走去，甚至连地区经理都出现了。

　　然后他出现了：乔布斯本人，在四五个人的陪同下，来检查瓷砖。他很不满意。那些瓷砖在刚刚铺就的时候看起来还不错，但是当顾客们开始走动，又大又难看的污点就出现了。新铺的瓷砖并没有让这个地方看起来更时髦，反而显得肮脏破旧、疏于打理。

员工们都小心翼翼地，一边偷偷地观察乔布斯的反应，一边假装在忙自己的事情。他不仅仅是不满意，而且是很生气，怒气冲冲地命令返工重做。

第二天晚上，那个工作组又回来了，掀了所有的瓷砖，开始完全重做。这一次，他们用了完全不同的密封胶，并且定制了一种不同的产品来清洁这些瓷砖。

这个故事告诉我们乔布斯有多么注重细节。也许你会感慨：实在想象不出还有其他的全球性公司的首席执行官会不辞辛劳地检查公司零售店的地板。但是乔布斯就可以这样做。

伊恩还有一个关于乔布斯的故事，这个故事能够反映出乔布斯商业人格中完全不同的一面。

在苹果零售店工作的时候，有一天伊恩接到了一封让他吃惊的邮件。一个他帮助过的顾客非常高兴和感动，写了一封邮件给乔布斯，以表扬"苹果"的服务。伊恩收到了来自乔布斯的邮件，同时抄送给了那位顾客。

整封邮件的内容是：

干得好

就这样。没有大写，没有句号，没有签名。伊恩说："这就足够了。"

你认为有多少大公司的首席执行官会花费时间鼓励这样一个普通员工呢？还是乔布斯，他又做到了。

小改变，大成效

一次，苹果公司早期的3位创始人——安迪·格鲁夫、戈登·摩尔和鲍勃·诺伊斯（半导体的发明者之一）一起参加高层会议。

安迪举起一个半导体芯片，说："看看这个——它比我们的产品看起来好很多。我们的半导体技术含量更高，但是这个有更美观的外壳、更漂亮的刻字，而且所有的接触面都是金色的。他们正在用一个没有我们好却比我们好看的产品击垮我们。"

半导体是一种安装在电脑或其他电子设备中的产品。尽管用户永远不会看到它，但是会议中的每个人都明白英特尔需要做些什么。为了使产品的外观与产品的技术含量相匹配，他们启动了一项重要计划。然后，他们启动了一项大型的意识培养活动："内置英特尔"项目（Intel Inside)。

英特尔原本在半导体市场中位居第四。通过这些努力，他们变成了第一。

可以毫不夸张地说，乔布斯成为如此引人注目的成功人物并且源源不断地创造出如此不同凡响的产品，这和他总是关注哪怕是最微小的细节并且总是不断地加以改进是分不开的。

对于乔布斯来说，所有的事情都很重要。他会不断地用严谨和创新来接近他的理想，他对完美的追求几乎总是超越其他所有人心中的渴望。

一点一点发现细节并不断改进的过程是很耗费时间的，这简直能令那些为他工作的产品创造者发狂，但这是成功的必备条件，不注重细节的人不可能获得长久的成功。

第 **7** 章

集思广益——学会与你的伙伴合作

　　一个人的成功也离不开别人的帮助，无论你的职业是什么，生活中总是会遇见困难和麻烦，这时你会寻求他人的帮助，可能是父母、朋友、老师、同事或者是陌生人。作为一个事业有成的人来说更是如此，想成功得面对更多的困难，一个人的力量再大也是有限的，有人同你一起努力，就不再那么孤单。

第一节　"个人英雄主义"一去不返

> 我的任务就是将整个管理团队都培养成优秀的继任者，我确实在尝试这么做。
>
> ——乔布斯

懂得借助别人的力量

正所谓"独木不成林"，又所谓"一个篱笆三个桩，一个好汉三个帮"，一个人单打独斗是很难成功的，即使你是个天才。尤其是对一个公司而言，要想发展便需要通过人来实现，人才决定企业的未来。松下幸之助有句名言："本企业主要制造人才，兼营电器。"由于人具有能动性、智力性、社会性，因而人力资源是所有资源中最重要的资源。

人才是难得的财富，但一个人的成功也离不开别人的帮助，不管你在干什么，生活中总是会遇见困难和麻烦，这时你会寻求他人的帮助，可能是父母、朋友或师长、同事。作为一个事业有成的人来说更是如此，如果想要成功就必须面对更多的困难，一个人的力量再大也是有限的，有人同你一起努力，就不会显得势单力薄。

人是企业最重要的资产，一位企业领导人的成功在于挑选好的合作伙伴，人是最大的资本。企业间的竞争可以说是人才的竞争，乔布斯的成功源自于他的坚持及不懈的努力。但是他自己也承认，没有别人的帮助他很难有今天的成就。虽然某种程度上乔布斯代表着苹果公司，但他也只是一个成功的领导者。苹果公司能成为电子行业的巨头是因为他们的完美产品，而这些产品当然是出自于"苹果"公司内部大量的天才。

说起"苹果"的创立，乔布斯总是说："我得感谢我的老朋友沃兹，他简直是个天才，是他让我发现我在技术上还差得太远。"乔布斯说的对，如果没有沃兹的帮助，那么他一个人成立电子公司的理想很难实现。沃兹天生就有电子电器发明方面的才能，由于他和乔布斯的个性很像，又都热衷于电子产品，使两人越走越近，也是因为沃兹发明了被称为"蓝色盒子"的装置才给了乔布斯开一家电脑公司的信心。乔布斯在迷茫了一段时间后又重新联系了沃兹，因为他知道想实现自己的理想，开一家公司是离不开像沃兹这样的天才的。

1976 年，沃兹设计出的一款微型电脑证明了乔布斯没有选错人。乔布斯说："作为工程师我远不如沃兹优秀。在技术方面，沃兹总是比我优秀。"在成立公司时他们遇上了资金问题，这时因为有了贵人相助，得以度过难关，这个人就是 34 岁的马库拉。

马库拉曾在南加州大学取得电气工程硕士学位，在美国休斯公司担任技术职务。他是位风险投资家。在英特尔还是一家小公司的时候，他投资了英特尔。后来英特尔成功上市，马库拉也因此一夜暴富。他意识到"苹果"是一家有潜力的公司后决定投资帮助乔布斯，这样才使得"苹果"有了运营的资金。

在"苹果"如日中天的时候，因为意见的分歧，乔布斯曾离开了苹果公司。在失落过去后，他坚强地站了起来，决定东山再起，重新继续自己所热爱的事业。他打算成立一家新的公司，他发现了一个不错的市场，那就是教育行业。他打算以大学为市场设计一种新型电脑。他知道光靠自己是办不到的，他需要那些天才的帮助，他考虑的第一个人选就是特里布尔。

巴德·特里布尔从医学院毕业后就在原先的苹果机研发组里负责苹果机的软件开发，后来公司重组后，他还是负责苹果机的软件开发。正巧当时特里布尔在苹果公司与其他人发生了矛盾，所以当乔布斯计划重新创业时，特里布尔对这个想法很感兴趣。

乔布斯对于他新公司的成员已经有了目标，而且他相信这些人会跟着他一起再造辉煌，因为他是位天生的说客。乔布斯在"苹果"的董事会上向其他人说起了成立新公司的计划，并且还让董事会相信，他没有攫取苹果公司任何技术或设计理念的意图。他还提到，他要从苹果公司带走一批人，只带走一些低水平的员工，都是公司的小人物，也不会影响苹果公司的运营。因为乔布斯要继续他的"lisa 计划"，所以他找来曾经是苹果机研发组里的成员，其中包括佩奇和乔治·克劳以及擅长财务管理的苏珊·巴恩斯。

由于新产品针对的市场是教育领域，他邀请了丹尼尔·卢因的加入，因为丹尼尔·卢因成功地创建了苹果电脑大学校园销售联盟，而且他在后来的公司重组中被提拔为高等教育系统软件市场部的负责人。

乔布斯具有领袖气质，他能吸引他人加入他的团队，同时也总能找到最优秀、最聪明的人才。他懂得只有一个人的智慧是难成大事的。一个人再聪明也会有疏忽的时候，他需要方方面面的人才来辅助他，才能成大事。懂得借助别人的力量，这才是有大智慧的人。

细数"苹果"的产品，我们也可以发现乔布斯不是最了不起的工程师。他有无限创意，同时他的想法都是和他的助手们经过无数次的谈论后得出了最终的设计方案。在这个过程中，他也会从中接受他认为合理的建议，才有了那么多杰作。可以说，正是那些优秀的员工帮助乔布斯实现了他的理想。

成功来源于合作

成功者的一个通病就是容易被成就冲昏头脑。一旦你自我感觉良好，赞叹自己多么了不起，那就陷入麻烦了，会开始自以为是，不把别人放在眼里，也听不进任何建议，最后只有被孤立。毕竟一个人的力量太有限了，尤其是在竞争激烈的电子行业，即使你是个天才，也离不开别人的帮助和启发。

不只是在电子行业，在任何一个行业里，如果只是单打独斗，也会像一粒沙子一样被风吹散。人终究是需要帮助的，像乔布斯那样特立独行的人也必须承认，不管是"苹果"的，还是他自己的成绩，都离不开他那些优秀的助手。他说：我最擅长的事情就是召集一群天才般的人，和他们一起设计产品。可见，成功来源于合作。

由于人本身的局限性，以自我为中心是很多人易犯的最大毛病。任何一项成功的事业并不是凭一己之力就可以完成的。很多有这种想法的企业家只会禁锢自己以及事业的发展。乔布斯的做法告诉我们：个人英雄主义是不适合今天的社会的，你要学会借力和合作。

古往今来，那些功成名就的人哪个不是在别人的帮助下取得的辉煌的呢？他们之所以成名，是因为他们懂得一个人的力量是薄弱的，必须借助大家的力量。就好像春秋战国四公子广为招贤纳士，三国时期刘玄德更是求贤若渴，三顾茅庐。从古至今留下了那么多的千古佳话。重视人才、珍惜人才、尊重人才就是中华民族的传统美德。

每一个人都有优点或长处，我们可以为自己也为别人创造价值。然而每个人都有弱点与短处，也都有需要别人帮忙的地方。成功的人永远是善于知才用才之人，没有一个人是单枪匹马取得天下的。

刘邦打败了项羽，统一了天下，建立了大汉江山，非常高兴。宴会上他问群臣："你们知道我为什么能够夺取天下，而项羽那么多军队却失去了天下吗？"众大臣七嘴八舌，开始恭维刘邦，有的说："您最大的特点，是有功者赏，有罪者罚；而项羽嫉贤妒能，有功者害之，贤能者疑之。这就是您得天下而项羽失天下的原因。"

刘邦笑了，说："你们只知其一，不知其二。我之所以能夺取天下，主要是因为我善于识人用人。要说运筹帷幄之中，决胜千里之外，我不如张良；管理国家，安抚百姓，做好军队的后勤保障工作，我不如萧何；统帅百万之众，战必胜，攻必取，我不如韩信。这三个人是人中之杰，我能大胆地使用他们，而项羽有一个范增却不能用。这就是我能夺取天下，而项羽失去天下的原因啊。"

项羽因逞个人英雄而失败，刘邦却因善于用人而取得了最终的胜利。让我们珍惜身边的每一个人，也感谢身边的每一个人吧。也许他们的习惯性格不一，做事的方法也有时会与自己相反，但是他们每一个人都是我们成功路上的伙伴，说不定到什么时候他就会助我们一臂之力。

当今社会越来越先进、越来越复杂，面对社会分工的日益细化、技术和管理日益复杂化，个人的力量和智慧显得微不足道，即使是天才，也需要他人的协助。"个人英雄主义"的时代已经一去不复返了，你必须学会与别人合作。

你的成功永远有别人的一半，这是领导者的理念。当你想成功而力量又不足时，你应该用低姿态诚恳地求助，也许别人会给你带来成功的机会。永远不要羞涩，你可以大胆地请求别人的帮助。

第二节　成功离不开团队的力量

一个人在黑暗中走路是会寂寞、恐惧的。只有当很多人在黑暗中手拉着手一起走路的时候才会快乐，才不会害怕。

事业的成功离不开团队的努力

一个人的力量是有限的，集体的力量却是超乎想象的，这是我国古代智者对集体力量的深刻体会。在经济高速发展的今天，集体的力量更是不可估量。当今世界错综复杂，即使是完成一个简单的流程，也离不开和其他人的合作和来自他人的帮助。

一个人的力量已经不足以应对生活中的挑战，你只能选择与别人合作。团队的凝聚力是许多公司、企业、集体、部门所致力追求的。可以说，团队合作是当今时代的成功之道。信息时代，团队合作是成功的基础。什么是团队合作呢？团队合作是指一群有能力、有信念的人在特定的团队中，为了一个共同的目标互相支持、合力奋斗的过程。"众人拾柴火焰高"，有了团队的力量，你将更容易达成目标。

管理大师罗伯特·凯利对美国前通用电气公司总裁杰克·韦尔奇说："我的成功，10%是靠我个人旺盛无比的进取心，而90%是依仗着我的那支强有力的团队。他们为了一个共同的目标，走到一起来了。"这就是团队以及团队对于成功的意义。

团队能生发巨大的能量：对工作而言，团队能产生"1+1>2"的力量。一个优秀的团队并不仅仅是简单的"人的集合体"，它是通过团队的规则与精神，将每一个团队成员的优势与能力充分而合理地凝聚在一起，远远超越个体的力量。对个人而言，加入团队是一个成长的机会，队员在团队中互相学习，团队为队员提供互相交流的机会；队员共同分享荣耀，团队为队员分担责任，使队员具有安全感和自豪感。一个优秀的CEO是通过构建他们的团队来达成梦想的，时代需要像乔布斯这样的英雄，但更需要响应英雄的优秀团队。

有这样一个故事：森林里，一头狮子和一只狐狸合作，狐狸负责发现食物，狮子负责捕杀食物，得到的食物共同分享，这样它们就都饿不着了。但是，过了没多久，狐狸心里就不平衡起来："没有我去发现食物，我们怎么能得到食物呢？狮子有什么本事要分享那么多。"于是，它离开了狮子。

第二天，狐狸去羊圈抓羊时，被猎人抓住了。那边的狮子日子也不好过，由于没有了狐狸的发现，狮子找食物越来越难，过着饱一顿、饥一顿的生活。

可见，团队合作甚至会关系生死存亡，不管你是狮子，还是狐狸，都离不开团队的合作，因为没有完美的个人，却可能有完美的团队。

这个故事告诉我们，团队的力量是无穷的。毕竟一个人的能力是有限的，多一个人多一份力量，只有大家共同努力，才能取得更大的成功。

当然，团队也会有团结和松散之说。俗话说："一个和尚挑水喝，两个和尚抬水喝，三个和尚没水喝。"又有言："一只蚂蚁来搬米，搬来搬去搬不起；两只蚂蚁来搬米，身体晃来又晃去；三只蚂蚁来搬米，轻轻抬着进洞里。"这两个团队有着截然不同的结果。

"三个和尚"虽然是一个团体，可是他们没水喝是因为互相推诿、不讲协作；"三只蚂蚁"之所以能将米轻轻抬着进洞里，正是团结协作的结果。在这个团体里，个体总是力不能及，这就需要队友的帮助和鼓励使得大家共同前进。

现实中也一样，在每一个优秀的团队里，你光有一方面的才能是不行的，需要大家提高各方面的素质。要想成功，一个人的素质是很重要的，比如责任心、信心、热心、恒心等，只有各个方面的素质提高了，这样的团队才会更有力量。

在企业中，许多问题的解决需要多方面的知识与能力，任何个人的力量都是不可能完成的。这就需要具备各种才能的人员共同组成一个团队，将每个人的知识与能力凝结起来，形成一个具有综合知识与综合能力的集体。这个集体的综合力是超越于每一个个体之上的，这个综合的集体才是承担每一个独立个体不能够完成的艰巨任务的主体。也就是说，要以团队的力量去解决个体的力量解决不了的问题。

合作是一种精神力量，是一种结合美

1977 年才成立的苹果电脑公司，能发展成为可以与 IBM 具有同等竞争力的企业，其秘诀在于它有一个精诚合作的优秀团队。当年成立苹果公司时，乔布斯就拥有他自己的团队。这个团队虽然小，但是每个人都能独当一面，也正是因为拥有这样一个能力极强的团队，才有了第一台个人电脑的问世，它的问世带来了整个电子行业的巨变。

苹果公司刚成立时乔布斯年轻气盛，对团队力量的认识显然不够深，也同他们发生了争吵。但是在后来企业的逐步发展中乔布斯成熟多了，也领会了团队的重要性，他带领一帮充满着活力、有想法、有技术的年轻人再造苹果的奇迹。

团队中的每个人都是乔布斯的各种构想的实践者，他们精诚团结，而且也都希望能够有机会创造出了不起的电脑产品，希望有一天能够把他们的名字和他们创造的电脑连在一起。他们相信乔布斯的眼光，都希望在从事的工作中做出伟大的成绩。正是这种信念使他们形成了一种坚不可摧的力量。

苹果是一个很重视人才的企业，公司里的设计人员的薪水比其他同类企业要高一半。这些设计师在"苹果"工作，不仅是因为薪水高，他们留在"苹果"是因为在这里能做令自己兴奋的事情。奖励主要是工资和福利，但他们也在意获得认可并从挑战性的工作中获得成就感。

乔布斯是这个优秀团队的领导者，他们一起创造完美，从 iMac 的研发开始他们就被绑在了一起，每个人各尽其职，团结协作。iMac 背负着苹果公司的希望，凝结着员工的努力，寄托着乔布斯振兴"苹果"的梦想。之所以能达到这样高的成就，功劳是大家的，这就是优秀的团队合作的优势。

只有团队中的每一个成员都付出努力才能形成一个优秀团队。在一个优秀的团队中，每一个成员都是不可缺少的主要战斗力量。在这个团队中，大家的地位是平等的。只有大家在团队共同目标的引导下，精诚团结、相互协作、共同努力，团队的目标才可能实现。只有在团队共同目标实现了，作为团队成员的每一个人的价值才能实现。也只有做到这一点，才能打造出一个真正的无敌团队，体现团队合作的意义。

共同的目标是团队精神的灵魂，它使每个人在一个团队的庇护下发挥出各自的强项。换句话说，共同目标可以确保团队对创新充满激情，并对公司兢兢业业。

在苹果公司发展的过程中，它的每个产品都是革命性的。正是因为"苹果"有着优秀的团队，才有了这些革命性的产品。在这个充满竞争与挑战的社会，单干的时代已经过去，没有一个单位或个人能够拥有他所需要的全部资料，并完成所有的工作任务。在企业里，这种合作的精神显得尤为重要，因为有了合作的理念，员工才会生发出一种集体责任感。

当今社会是一个信息不断交流的社会，它正在快速发展，齐心协力与集体合作变得越来越重要。在这个愈渐狭小的空间里，信息与技术变得复杂化，供个人发挥的空间越来越有限。正因为认识到这一点，我们越来越觉得团队合作是至关重要的。

科学家曾做过一个实验：把七八只黄蜂同时关进一个密封的小木箱里，几天以后将它打开，发现木箱的四壁，分别多出了七八个小洞。每个洞里各有一只死去的黄蜂。而这些小洞，最浅的也超过了木板厚度的一半。也就是说，只要这些黄蜂在危急关头能够团结合作，每一只都在同一个位置轮流钻上一段时间，那么完全可以轻易打破木箱，化险为夷，走出绝境。这些黄蜂因为没有学会合作才造成了死亡的结局。

哲学家说："合作是一种精神力量，是一种结合美。"合作的力量是巨大的，它坚不可摧，而且这种合作精神能给员工以主人翁的激情，提高效率，创造更多的价值。

成功，需要充满智慧的头脑，更需要团结协作的合力。只要团队成员为了团队利益与目标相互协作，齐心协力，事业之路必将呈现一片坦途。一个具有强烈团队合作意识的企业就具有最强的凝聚力和战斗力，是不可战胜的。合作既是一种精神的凝聚，又是一种力量的结合。

第三节　构建一个天才的团队

人数根本不能表达一个公司的实力，庸才越多，对公司越不利，先进的公司要的是那种以一当十，最好能一人顶十名员工的优秀人才。

发掘人才

才对一个时代起着巨大的推进作用，而知人善用却是一种更高的驾驭能力。纵观古今，管理者用人识人有过不少成功的经验可以借鉴。当今社会缺少的不是会做事的人，而是能够解决问题的人，后者才是真正意义上的人才。

每个人的做事能力并没有太大差距，再复杂的操作方法，只要用心谁都能够做好，但是一个很小的故障就不是随便一个人能够解决了的，能够解决问题排除故障的专业人才是企业的真正所需。想要构建一个优秀的团队，考核人选很重要，看一个企业的未来先看他现在的团队。"千斤重担人人挑，人人头上有指标"，这样的企业才可以打造一个天才的团队。

如果能够知人善任，那么别人的才能就等于被自己拥有。当你把这一件事做了一千次，你就拥有了大于一千人的力量。可见，人才是非常重要的。人才一词越来越时髦，几乎每个企业都在提"以人为本"，都在宣扬"重视人才""广纳贤才"。

想要为企业找到真正的人才，这要求领导者懂得识才用才，"识珍者必拾浊水之明珠，赏气者必采秽薮之芳蕙"。能够慧眼识人是企业生存和发展的首要和必要条件。企业的生存和发展靠人才，人才靠企业提供的平台施展才能、展示作为，挖掘人力资源效益，成了各大企业持续发展的强大动力。

"智莫难于知人"，可见知人并非易事。出色的领导者带领一个优秀的团队首先得做到知人，知人者智，知人者将拥有众多忠实于自己的贤才，将成大业。所以，一名用人大师必须具备识人、知人的本领。这包括你能够看出他的才能、品质、优缺点，进而能够"用其长，避其短"，具备了重视人才的本领之后，就须能够识别人才。

春秋战国时期，天下纷争，群雄逐鹿，百家争鸣，人才辈出。齐国大臣淳于髡，其貌不扬，却很有智慧，又善于识别人才。齐宣王执政时，为了巩固其政权，加强统治，期望得到大批人才为其出力，因此就让淳于髡为其推荐。结果，淳于髡接受任务后，在一天之内就向齐宣王推荐了七个贤士。

对此，齐宣王十分不理解，就向淳于髡说："我听说人才十分难得，一百个人中选择一个贤士就是相当多的了；百年之中，出现一个圣人就很难得了；你怎么竟在一天之内就可以向我推荐七个贤士呢？看来贤士太多了。"

淳于髡对齐宣王说："你这种说法不完全正确。天下的东西都是同类相聚的，比如要采到柴胡、桔梗这些草药，你若是到洼地去找，那是一辈子也找不到的，可是如果到泰山北面去找呢，那就可以车载而归。"淳于髡之所以能够在一日之内向齐宣王推举7个贤士，关键在于他善识人才。他通过平常与各方贤士的接触交往，了解掌握了他们的贤德才能。所以，一旦需要，便能一日荐七贤。

可见要想用人首先是识人，识人就要具备识人之慧眼，一个企业所需要的各种人才固然很重要，但善于识别人才的管理者更加难得。乔布斯就有这样的识人慧眼，他的团队里个个都是精英，有人说乔布斯的用人理论是"只和天才一起工作"。现如今，企业生存面临的最大课题就是如何培养高素质、高能力的人才，企业的发达要靠人才的发达，人才的繁荣反过来会促进企业的繁荣。因此，管理者要有"宁要一个诸葛亮，不要三个臭皮匠"的气魄和眼光，去发现并任用真正的优秀人才。

1998年乔布斯在接受《财富》杂志采访时说："皮克斯所需的多样才能比'苹果'更多。但关键之处是，皮克斯规模小得多，它只有450人，是我所见过的拥有人才密度最高的地方，你即使有2000人，也不可能拥有皮克斯那样多的人才。"还有一句话说，"一位出色的人才能顶50名平庸的员工。"可见人与人之间才能、智慧的差别。一个优秀的团队最重要的是人才的质量，而不是人才的数量。

打造天才的团队

苹果公司坚持"以人为本"的原则挖掘最优秀的人才。"苹果"的信念是：在信息社会，最能干的软件工程师比普通的员工可以多做5000倍的工作。所以有些公司认为，一个处于最高层次的信息公司，能干的程序员甚至比高层领导更重要，可见专业人才的重要性。

　　乔布斯是一个优秀的领导者，他的用人之道就是寻找真正的人才为自己所用。的确，涉及高端技术的计算机领域，人的才能将会显示出极大的差距，甚至可以夸大点说，一名优秀的专业电脑技术员，其工作能力可以胜过100名普通员工。在一些大的企业，即使管理内容再多，都把人事管理放在首位。知人的目的是用人，人用得好才能为企业创造更大的价值。

　　知人是企业管理中最重要的事。乔布斯说："我不需要许多人组成的庞大队伍，我需要大队伍里的精英。"由此可以看出乔布斯的用人原则。如果你的能力和技术达不到要求或是不符合"苹果"的精神，尤其是不适合乔布斯看重的创新，那你可能就与"苹果"无缘了。

　　"当你发现有些员工并非最优秀的人才而不得不开除他们时，这是一件非常痛苦的事情，但是这就是我的工作：开除一些不合格的人。我一直都非常讨厌以仁慈的方式做这件事情。不管怎么样，这件事一定要做，尽管这从来都不好玩。"由此我们不能不佩服乔布斯眼光的犀利。当然他为了公司的发展，将一些不合格的人开除也是无可厚非的。

　　虽然"苹果"的产品以设计取胜，但乔布斯坦言，他最大的能力不在于设计，而在于总是能把最优秀的人吸引聚集到自己身边来，然后带领他们一起奋不顾身。正如他曾经在化装舞会上扮演耶稣一样，他心中一直怀抱着改变世界的雄心壮志，他也把这种信念传达给他的团队。

　　沃滋是和乔布斯一同将"苹果"孕育出来的人，他说："他没有设计过一块电路板，但是他让所有人相信他们的工作是伟大的，是将要改变世界的。乔布斯喜欢和这些天才一起工作，因为他们总能实现乔布斯的疯狂想法。乔布斯全身心地参与了设计的过程，他带来了很多想法，而且总是能提出改进设计的建议。"乔布斯就这样与他的天才团队共同奋斗着。

　　苹果公司一直看重有创意的人才，所以乔布斯说，他大约把四分之一的时间用于招募人才。高级管理人员往往能更有效地向人才介绍本公司的发展前景，而对于新成立的富有活力的公司来说，其创建者通常在挑选职员时十分严谨，老板亲临招聘现场，则可使求职者以最快的速度了解与适应公司环境和企业文化。

社会上并不缺乏有才华、有想法与有创意的人，但是缺乏对关键产品进行关键决策的人以及捍卫游戏规则的人。优秀的领导者，首先就是产品挑选人，选一个适合的人才比选一个优秀的人重要得多，适才适所才是企业用人的最高原则。

企业在招募人才时，除了专业所必备的素质之外，他们还要看三种东西：一是必须精力充沛，有热情，有激情，这样的人可以感染人，适应变动；二是要正直，不能太自私，他们在考虑个人利益的同时，也能够考虑到公司的利益；三是要有智慧和胆识，有进行思考的能力和魄力。这三点也是"人才"的必备素质。

只有天才的个人才能构建一个天才的团队，一个天才的团队才能为企业带来最大的利益。

第四节　让你的伙伴有"存在感"

"尊重"这个词听起来、说起来容易，做到却不是那么简单。"尊重"是一种很高的修养，是由内而外透射的人格，而这种人格是需要修炼积累的，这也成为衡量一个成功人士的标准。

学会倾听，学会尊重

有些人以自我为中心，不愿听取别人的意见，认为别人能力不如自己，他人的意见不具备参考价值，这实际上是个误区。也许在某一领域，你是一个高手，但是这并不意味着你一个人能把所有事情全部搞定。有的时候，别人的意见才是对的，即使你认为自己要比别人强百倍。

20岁那年，乔布斯跟他的朋友在车库里开创了苹果电脑的事业。两个年轻人拼命工作，在10年间扩展成了一家员工超过4000人、市价20亿美金的公司。然而在推出苹果机后的一年，乔布斯竟然被解雇了，那一年他30岁。原因有很多，但有一点是肯定的，就是乔布斯性格的问题。以后的事实也证明，乔布斯的任性以及以自我为中心的个性是他迅速走向危机的关键性因素，过于狂傲而不懂得尊重他人使乔布斯落下一个众叛亲离的结果。

乔布斯对别人有着超强的感染力，身上也洋溢着迷人的魅力。他习惯于说服别人，而不是去倾听别人的意见。在苹果机成功推向市场后，苹果公司把苹果机研发组和"lisa"电脑研发组整合在一起，然后由乔布斯做他们的负责人。

整合的第一天，当两组人员都集中在"lisa"电脑研发大楼中厅的时候，乔布斯向"lisa"电脑研发组成员说的第一句话就是："你们真是一群饭桶。""我作为苹果机研发组的一名成员真是感到羞愧难当。"唐·登曼在回忆起那天的情景时说，"在乔布斯发表长篇激情演讲的时候，我仔细观察了一下'lisa'电脑研发组的人员，他们眼里都流露出憎恨、愤怒的目光。当然，在我看来是不能责怪他们的。"

很快苹果机出现了问题，人们的抱怨声此起彼伏，但是乔布斯依然傲慢而不听取别人的意见。尤其是在1982年初，那时正是乔布斯春风得意的时候，他根本听不进别人的意见。在计算机的设计上，他更是我行我素，擅自决定计算机应该装配什么部件才能更好地适应市场需求。迈克·默里形象地比喻道："乔布斯所做的市场调查就是每天早晨看一看镜子里的自己。"

一方面是高额的开发费用，一方面是低迷的销售态势，公司的赤字在惊人地增长，整个公司陷入了一种完全崇尚技术革新的企业文化中，忽略了成本和用户的需求。年轻气盛的乔布斯坚持己见，不接受任何人的建议。

最终，苹果公司的危机不可避免地来临了，乔布斯黯然地离开了他的"苹果"。"我的心还会一直在那里，苹果公司就像是我的初恋一样。就像所有的男人都会想念他们第一个深爱过的女人一样，我也会一直想念'我'的苹果公司的。"

"水能载舟，亦能覆舟。"乔布斯的经历很好地证明了这一点。自大的人会目空一切，以自我为中心，不把别人放在眼里，进而也就不会尊重别人。你不去尊重别人，别人的意见也不会引起你的重视，一意孤行的结果必然是失败。那些妄自尊大，目空一切的人总会引起别人的反感，最终使自己走向众叛亲离、孤立无援的境地。

为人低调，与人为善

泰戈尔曾经说过："你希望别人怎样对待你，你就应该怎样对待别人。"你尊重人家，人家尊重你，这是人与人之间的平等。每个人都渴望获得别人的尊重和欣赏，想要成功的人，需要深知这一点，学会听取他人的意见，学会尊重他人，是加强人与人之间的沟通，形成良好人际关系的有效途径。从尊重和赞赏的角度来对待不同的意见，将其他人的优点和特长不断地加以放大，这些优点和特长也许将来就会为你所用。

而当乔布斯回归"苹果"之后，我们看到了一个不一样的领导者。面对粉丝的尖叫，他学会了低调和谦虚。他变得成熟了，在产品的展示会上，收敛了他心中的傲慢和高人一等的优越感，和大家一起分享成功的果实。因此他也更受人们的敬佩和支持。在乔布斯的职业生涯中，他从来没有表现出这样的光景。他对他的员工和他的伙伴开口说道："现在，你们真的让我很激动，我每天都要去皮克斯公司和苹果公司，与那些世界上最有天赋的人一起工作。我们所做的是世界上最出色的工作，但这些工作都属于团队工作。"如果是最开始的乔布斯，他一定不会说出这样的话，他会认为他的成功是因为自己是个天才，当时的他还不懂得肯定别人的付出。

在这个社会上，我们并不是一个人，我们有朋友，有同伴，在肯定自己的同时我们必须学会让他们有"存在感"。这就要求我们尊重他人，待人温和，为人低调，与人为善，这就是为人之道，也是一个成功人士必备的品德。"尊重"给我们带来的好处是多方面的，特别是对于领导者来说，学会尊重你的同事，你的下属，你才会带领出一支优秀的团队，他们也才会死心塌地地帮助你达成目标。一个取得成功的人一定是有修养的人，是值得别人交往和追随的人。

第五节　你最大的对手也是你最好的朋友

选择强大的敌人意味着你有勇气变得像他一样强，有的时候"恨"也是一种力量。

每个人都希望能有一个志同道合的朋友来给自己支持和帮助，其实选择一个强大的敌人来激励自己也是一种促使自己进步的有效方式，有时候，说不定"恨"比"爱"更有力量呢？乔布斯对于两个敌人的"恨意"非常深，一个是他的老对头微软公司，另一个就是让他既爱又恨的苹果公司。

乔布斯总是时不时地对微软公司进行"挑衅"。20 世纪 90 年代，微软独占鳌头，压制了苹果公司的发展。而乔布斯也不甘心居于人下，他凭借着自己公司软件上的突破同微软展开竞争。在那个时候的人们看来，乔布斯的挑战无疑是鸡蛋碰石头，自不量力，而且他有时候冒出来的豪言壮语看起来也像是个夸张的笑话。但是，奇迹就是这样发生的，2000 年，苹果公司迅速发展，市值已经达到当时戴尔公司的 8 倍。可见，强大的对手激发了我方的巨大潜能。

乔布斯的第二个"敌人"就是把他赶出去的苹果公司，他强烈地想要向苹果证明自己的强大实力，以此来报复它的抛弃。在乔布斯的新公司 NeXT 即将召开发布会推出新产品时，他就在全体员工面前扬言要实现复仇计划、狠狠地打击斯卡利和苹果。我们且不论这次报复行动的结果如何，乔布斯之所以能够在失败后清晰冷静地重整旗鼓，并且还依然保有激昂斗志，想必他对苹果公司的"恨"恐怕在其中起了很大作用吧。

可见，有时候"恨"也能产生"正能量"。"恨"意味着想要超越，想要比他人更强，正是这种力量在不断地催人奋进。

选择合适的敌人

在教育心理学中，维果斯基提出了一个理论，叫作"最近发展区"。这个理论认为，学生的发展有两种水平：一种是学生的现有水平，另一种是学生可能的发展水平。这两者之间的差异就是最近发展区。他提出，教学应着眼于学生的最近发展区，为学生提供带有难度的内容，调动学生的积极性，发挥其潜能，使其能力有突破性的提高。

这个教学理论也可以套用到选择我们合适的目标敌人上。发展有两种水平：一种是现有资源，即自身的能力水平；还有一种就是我们选择的目标敌人的发展水平。这两者之间的差异就是我们努力奋斗的发展空间。我们在选择敌人来激励自己时，要考虑好这个能力区间，太小则缺少动力，太大则目标遥遥无期。因此选择合适的对手，才能有助于提高我们的能力。

有野心，也要有实力

远大的目标当然能激励我们前行，但只是空有目标就不是什么好现象了。如果不考虑自身的实力，而定下一个不可能实现的目标就是不理智的行为。乔布斯之所以敢向比尔·盖茨挑战，除了他的勇气，还有一个原因就是他自信有这个实力敢于与之抗衡。

所以，当你确定将强大的对手视为你需要对抗的目标时，你自身的努力与奋斗才是实现这个目标的基石。没有这个作为基础，有再大的野心，也只是空谈，没有任何意义。

向对手学习

既然选择了他作为你强大的对手，那么他便有其强大的理由。那你就可以找到它成功的关键，然后学习过来为我所用。通过找到他成功的关键学习过来，为我所用。

山姆·沃尔顿是沃尔玛公司的创始人，是全美富豪之一。创业初始，他的目标就是成为行业中的佼佼者。他每天早上四点半起来工作，身体力行，以热情和积极的行动力来提供一流的服务。他一方面努力提高自己的优势，另一方面也不断地研究他的竞争对手。他经常跑到竞争对手的店里，看看他们做了哪些事情，哪里比自己做得好。每当他发现竞争对手做得比他好时，他就立刻想出一个应对的方法，超越他的竞争对手，如此他才能不断改进，不断进步。

对敌人的恨意可能就是自己进步的动力，但盲目的"嫉妒和恨"是无用的，要在这种"恨"中寻找真正的理由，找出积极的因素。我们要学习对手的优势，将它变为自己的优势，这才是明智之举。

第六节　我的伙伴不比我差

懂得欣赏别人，实际上是在为自己铺路，是自我提醒的过程。

欣赏身边的人，向他们学习

懂得欣赏他人是一种美德和智慧。社会中的人形形色色，人与人之间难免存在利益的差别、思想的分歧，但他们同时又都具有相通的感情，更需要相互的支撑和理解。

"尺有所短，寸有所长。"每个人都有自己的优势和长处。在一个人的周围，无论是上级、同事，还是下属、朋友，都有自己的亮点，都有可以学习的地方。正是因为每个人都各有所长，所以我们要善于发现别人的进步，随时为别人的成绩喝彩。这对于一个人的能力提高和事业发展都具有重要意义。

如果我们能真诚地为别人取得的成绩、取得的进步和取得的荣誉喝彩，这是一种胸襟，一种气度。只有不断开阔自己的胸襟，培养自己恢宏的气度，才能不断拥有成就事业的大气和魅力。学会欣赏别人是一种人格修养，一种气质提升，有助于不断完善自己。所谓"三人行，必有我师焉"，我们要学会欣赏身边的人，向他们学习。

欣赏不是奉承，也不是谄媚，而是我们从他的身上发现亮点。我们要始终记得"人无完人"这句话，不是每个人从一生下来就是优秀或愚钝的，每个人都有值得欣赏的地方。一个懂得欣赏别人的人，当他把慰藉和力量给他人的同时，也把美德给了自己。因为在欣赏他人的过程中，自己往往也能以人为镜,看出不足,找出差距,从而不断完善自己。

每个人在成长过程中都需要得到别人的欣赏和认可。欣赏能够增添动力,激发活力。得到他人欣赏,就是得到了一种力量。懂得欣赏他人,就是知道尊重和关爱他人,知道看到他人的长处,从而看到自己的不足,并且加以改正,这样才能成为一个成功者。

如果一个人天天目中无人、孤芳自赏,从来不懂得欣赏别人,他便失去了人心,变得狭隘。因为过度的"自恋"就会发展到极端的自私自利,发展到唯我独尊的骄横和霸道,最终会孤立自己,失去朋友和一切。

乔布斯正是因为见识了沃兹的才能,才意识到自己在电子技术上的不足——以前他一直认为没人能超过自己,但是见到沃兹研发的装置后乔布斯震惊了。后来乔布斯回忆起那一幕说:"我简直惊呆了,以前我总是觉得自己在电子学方面的知识是无人可比的,可是当我见到沃兹的时候我的想法改变了。在电子学方面沃兹是我遇到的第一个水平比我高的人。"

乔布斯非常欣赏沃兹的才能,他说沃兹是奇才,正是因为对沃兹的欣赏,他的很多想法都是同沃兹一起实现的。他们一起创立了享誉世界的苹果公司。可见,天才就是互相欣赏而进步的,学会欣赏别人吧,我们的伙伴并不比我们差。

在彼此欣赏中共同进步

通过欣赏别人,我们可以在别人身上找到自己的不足,在彼此欣赏中共同进步。学会欣赏别人是一种豁达风度。人无完人,每个人都有自己的长处和短处,对此,妄自菲薄和恃才傲物都是不可取的,它只会使人变得狭隘。正确地欣赏别人就会激励别人和提高自己。

培根说:"欣赏者心中有朝霞、露珠和常年盛开的花朵。"懂得欣赏他人的人胸怀宽广、虚怀若谷。在我们周围,不管是朋友、同事、亲人,他们身上都有我们可以借鉴的地方。用欣赏的眼光去看别人，从中找到可以学习的优点，来弥补自己的不足。这样也可以发觉自己与他人的差距，从而激励自己，给自己创造更大的提升空间。

乔布斯说："我的团队成员远远比我自己出色得多，'苹果'的每次成功，我从来不敢说是我一个人的成就，有些时候我只是在给他们提供帮助。"

当年乔布斯为了他的个人电脑 lisa，带着他的团队到帕洛阿尔托研究中心考察，施乐公司并没有把这些年轻人放在眼里。据泰斯勒后来回忆说："我以为他们也是一批黑客，对计算机科学一窍不通，可是稍后，从他们专注的眼神和关心产品细微之处的所有提问中，我知道我错了，以前也有很多人参观过帕洛阿尔托研究中心的展品区，包括施乐公司的计算机专家、大学教授、学生，而乔布斯他们提出的问题是我来施乐公司 7 年来所听过的最有水平的问题。他们提出的问题，不仅表明他们关心帕洛阿尔托研究中心展品的细枝末节，也表明了他们在计算机研究领域的专业素养。"

然而，就是这些不被看好的年轻人在考察结束之前，就看懂了 Alto 的工作原理，那个让施乐公司引以为傲的 Alto 很快就被 lisa 计算机取代了。正是因为乔布斯身边有了这些出色的人才，"苹果"才能发展壮大、取得更为辉煌的成功。

lisa 的诞生改变了大家对个人电脑的认识，而 iPod 的问世席卷了整个音乐领域，也让苹果公司真正地走出谷底。说起 iPod，最初是乔布斯发现了音乐市场这块圣地，并决心研发出不一样的 MP3。但是单有想法是不行的，iPod 的问世离不开他们的研发团队，他们的理论和技术远在乔布斯之上。iPod 的设计、规划是来自于 Tony FaDEll，他一直都是"苹果"内部相当重要的人物，Tony FaDEll 从 2001 年开始 iPod 工作，期间，研发了 20 多项商品专利，很多 iPod 的新构想、设计也都是出自他的双手和大脑，因此他被视为 iPod 的黄金推手，也就是 iPod 之父。

设计 iPod 播放器外形的是"技术创造天才"乔纳森·艾弗，他是苹果公司产品设计组的副总裁。乔纳森的设计成果也得到了他的同事和一些用户的称赞，他们认为乔纳森的设计很有未来眼光，他设计的 iMac 电脑也有很明显的特征。还有擅长业务的法德尔，他原在飞利浦工作期间，提出了一项创意。随后，法德尔到硅谷四处推销他的创意，直到"苹果"副总裁乔恩·鲁宾斯坦慧眼识珠，相中他的产品，并把他本人也招至"苹果"旗下，令他负责领导开发第一代 iPod 播放器的工程团队。

正是因为有了这些天才的加入，才有了 iPod 的成功，他们得到了乔布斯的赏识，并在苹果公司担当重任，为此他们也为"苹果"卖命，因为"苹果"懂得赏识和重用他们，让他们的才能得以展示，他们的价值也得以实现。他们也愿意追随乔布斯，因为乔布斯的无限创意让他们的才能得到升华，他们觉得让自己的名字和"苹果"拴在一起是一种自豪。

乔布斯非常懂得爱惜人才，相对来说，有些人自己有了成就，有了荣誉，就欢呼雀跃，神采飞扬；别人有了成绩，却视而不见，甚至冷嘲热讽，这是情商低的表现。

美国心理学家威廉·詹姆斯有句名言："人性最深刻的原则就是希望别人对自己加以赏识。"虽然人与人之间存在竞争关系，但我们要看到更多的是合作关系。尤其是在一个集体内，其他人的优点和长处从总体上来讲对集体是大有益处的，对其他人包括当事人也是有帮助的。

欣赏他人是会得到回报的，就像欣赏美味佳肴、良辰美景一样，我们的身心也会由此而变得愉悦，被欣赏的人更会感到欣慰和快乐。尊重他人也会得到他人的尊重，欣赏他人也会得到他人的欣赏。因此，如果我们用欣赏的眼光来看待他人，看待我们的伙伴。由于欣赏，人际关系变得和谐，同时我们和他人的能力也会得到提高。